豊かさと健康と幸せを実現する

魂のすごい力の引き出し方

改定
新装版

整体気功師
サイキック・ヒーラー
神岡 建

図1　オーラとチャクラ

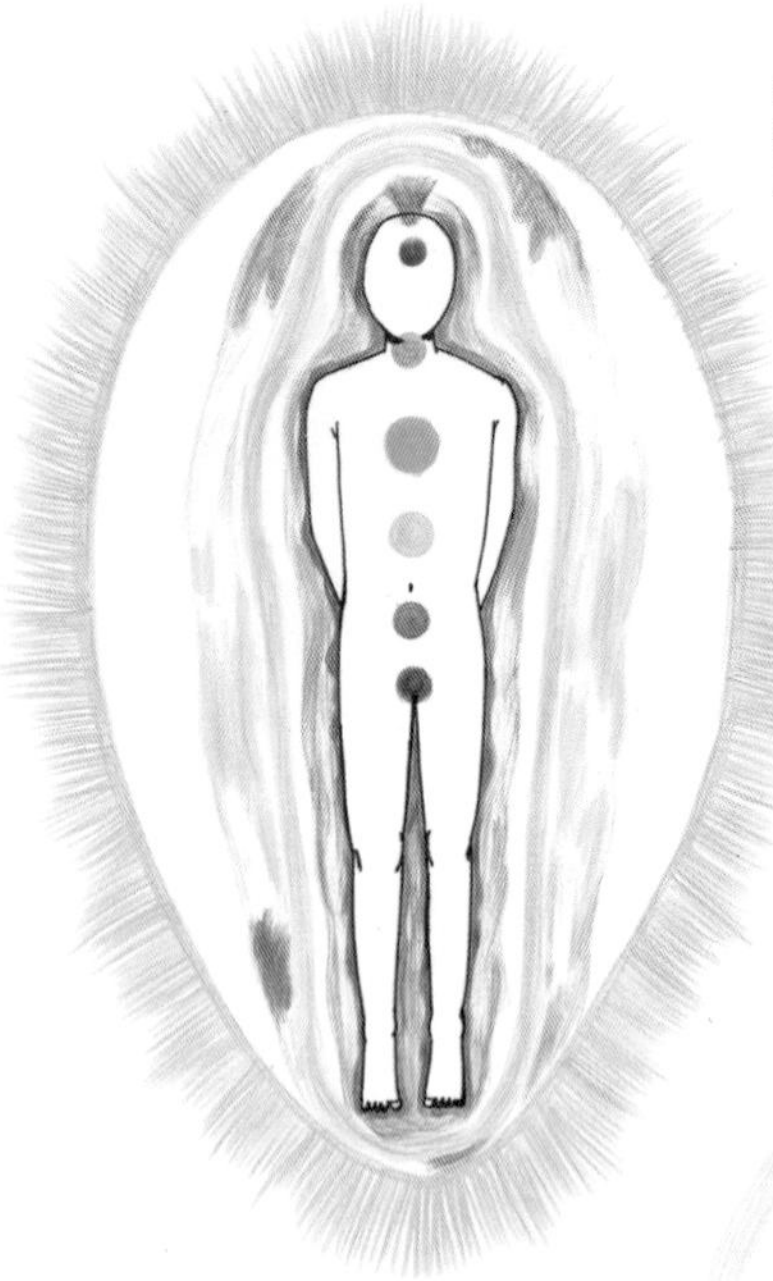

オーラは体の中や周りに
あり、主なチャクラは
正中線沿いに7つある。
（本文26頁）

図3　神我の光が強く大きい人の霊視

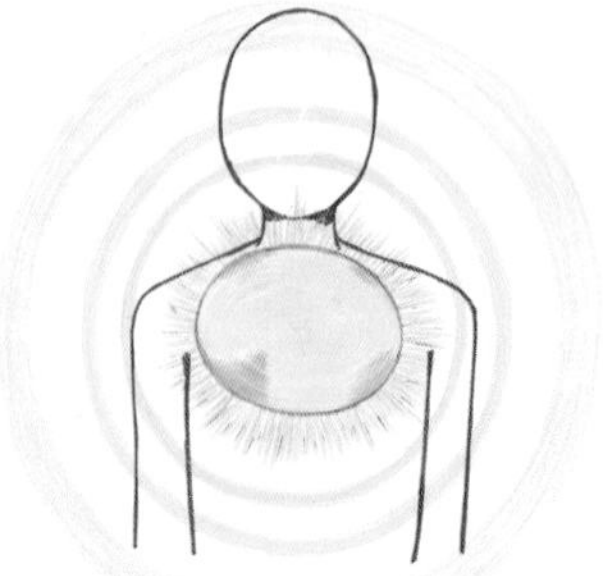

胸の神我の美しい光は、
個人化した宇宙の創造主の
エネルギー。（本文51頁）

図4　肺から出るバリヤー「衛気」

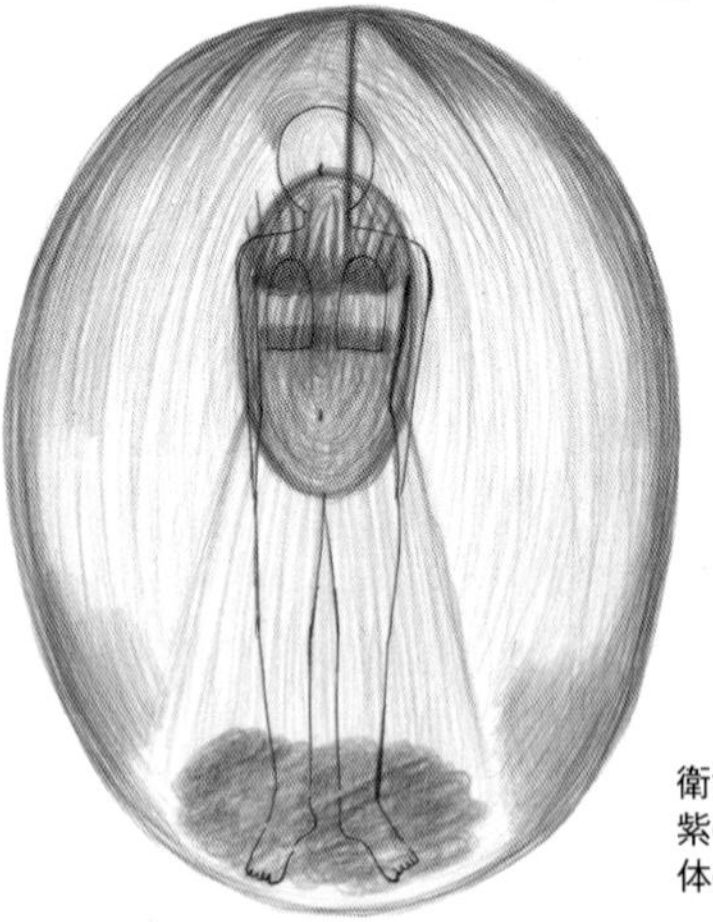

衛気は肺の上葉から出る
紫の光が作るバリヤー。
体の外や胴を守る。（本文161頁）

（霊視・イラスト　未見《みみ》）

2021年・ロング新書版への前書き

2015年に初版の『豊かさと健康と幸せを実現する　魂のすごい力の引き出し方』が発刊されて以来、幸い非常に多くの読者の方々から、私も驚くような体験談やうれしいご感想をいただきました。

「体調と運気が良くなった」「不安感や心配が消えた」「日に何度も読み返したくなる」「実践したら予想外の収入が入って驚いた」「祈ることの大切さがわかった」「本物の本にやっと出会えた」「側に置いた水の味が美味しくなった」等々……。

今回、幸運にもロング新書に加えていただけることになり、また新たなこの本の役割が始まることを思いますと、著者として大変光栄であると共に身の引き締まる思いです。

私はパソコンの画面上で人とお会いして、オーラを浄化する遠隔ヒーリングや、オーラに現れる過去や未来のリーディングを行うサイキック・ヒーラーです。

三〇代で会社を辞め、中国気功整体の専門学校で東洋医学の基礎を学び、またオーラやチャクラといった西洋のヒーリング体系も、ヒーリングの学校に参加して学びました。

オーラを目で見るように捉えるわけではありませんが、手の〝気感〟がとても強く、相手のオーラや霊を触ったように感じ取れるのです（本書では、こうして捉えたものを「視る」と表記し、肉眼で視認する場合の「見る」と区別します）。

本書は、そんなサイキック能力を通じて発見してきた面白くてためになる「気」（オーラ）や魂についての驚きのエピソードや、自己浄化のワークをご紹介します。

本書を実践して胸の魂の光（神我の光）が強くなると、体調も運勢も良くなることが、多くの読者の皆様の体験談で実証されています。またそれはそのまま、迫りつつあるアセンション（宇宙の次元上昇）への備えでもあります。

２０１５年の初版の「はじめに」で私は、『今、人類は、これまでの飽くなき欲望の追求や自然破壊の積み重ねの反動が出てくる困難な混乱期に入ってきました。しかし一方で、2014年から人類が利他的で高度に調和的な存在に進化するアセンション（宇宙の次元上昇）のプロセスが地上で始まり、平和な黄金時代への萌芽も目には見えないところで密かに始まっています』と書きました。

実はそう書いた当時私は、迫りつつあるアセンション前の未曾有の混乱期の中で本書が人々の魂を支えて欲しいと願い、〝開運本〟の形を取りましたが、中身は〝魂の救済と真のサバイバル本〟を目指して書いたのです。

すると、2020年からコロナ禍に突入し、案の定、国民の健康も経済もメンタルも厳しい時代になりました。2020年の米大統領選では大規模な不正が起こり、国際社会も大きく揺れ動いています。未承認の危険なワクチンの人体実験も地球規模で展開しており、大量の死者が出るなど、激動の混乱期に突入しています。

今は真実の情報が何であるかを判別できないと命を失うことさえ珍しくない時代に入りました。磨かれた魂の神我は、危険を教えてくれたり、進むべき方向を示してくれたりします。魂の力である「識別力」こそが、あなたを安全に導く羅針盤です。

単行本で本書を読まれた方も、今もう一度この新書版で読み返してください。と言いますのも、実はこの新書版には、特別に神様がコロナワクチンの放つ邪気をオーラレベルで浄化してくれる新しい波動、〝コロナワクチンのカウンターエネルギー（ワクチンの邪気を霊視したときに視える形と、ちょうど逆の形を持つオーラレベルの浄化エネルギー）〟を入れてくださっているからです！

霊視では、コロナワクチンを接種した人や、接種を受けた人から邪気を移された人のオーラは、頭上にｍＲＮＡ遺伝子の邪気が黒い複数の風船のように浮いており、それらの発する邪気が、人体を縦に走る「オーラ上のＤＮＡ二重螺旋」（私が発見したものです）の胸と生殖器官のところに歪みを作っています。しかし、この新書版の本書が放つ波動は、そうしたワクチンの邪気を、少なくともオーラレベルで減らしていく方向へと働きかけるでしょう。

頭の上に本書を置いて寝たり、本書の隣に三〇分置いた波動転写水を飲んだり、そーラやチャクラコードをスプレー浄化したり、ペットボトル三〜四本分の本書の波動転写水をお風呂に入れることもオーラの浄化に最適です。（ご注意・民間の健康法であり、医学的なエビデンスはなく、医療の代替手段にはなりません）

一方、二〇一五年初版の単行本の本書（通称青本）や、二〇一九年の『高次元への上昇編　魂のすごい力の引き出し方』（通称赤本）や、たま出版さんから出した『アセンション大預言』シリーズの二冊からは、なんと、新型コロナウイルスを霊視した時に見える、ウイルスの黒い様々な形と線対称の形を含む「コロナのカウンターエネルギー」が出ています。高熱の出た方が私の本を頭の上に置いて休んだら、翌朝嘘のように熱が引いていたという体験談をたくさんいただきました。

実は、それとほぼ同様のエネルギーが、新型コロナに効くと主張されているヒドロキシクロロキンや、イベルメクチンといった薬、そして5-ALAという健康食品からも出ています。

詳しくは私のホームページをごらんください。http://www.kamiokatakeru.jp（ご注意・民間の健康法であり、医療の代替手段にはなりません。新型コロナの感染が疑われる方は必ず保健所に連絡され、病院を受診してください。）

魂を磨いた人同士の〝魂《たま》ONネットワーク〟に接続すると、コロナ禍の大変な時代でも不思議な助けが来ます。宇宙の創造主は、本書を通じて人々の魂を救い、豊かさと健康と幸せに、休みなく導いて下さっているのです。

神岡　建

第三章

健康はオーラの浄化から

第二章 豊かさと幸福をもたらす開運のヒント

第一章

運・不運を分けるのは神我の強さ

目次

序章　会社員からサイキック・ヒーラーになった私

第四章

陰・陽・中庸——三つの宇宙のシナリオ

第五章

家族の和から人類の和へ

序章

会社員からサイキック・ヒーラーになった私

まさか私がヒーラーになろうとは！　忙しい会社員時代

私は現在沖縄県に住み、パソコンの画面上で日本全国や海外の皆様とお会いしながら、オーラを遠隔気功で浄化するヒーリングとリーディングを通じて、魂をみがくセッションをご提供しています。

これまで拝見してきたクライアントの方々は、学生、主婦、会社員をはじめ、経営者、医師、弁護士、検察官、国家公務員、教師、キャビン・アテンダント、漫画家、FX投資顧問、ダンサー、シンガー、デザイナー、文筆家など実に様々です。

私のヒーリングの目標は常に、感情の下に埋もれている魂の光を引き出し、魂の声どおりに人生を歩んでいただくことです。医師ではありませんので、病気の診断や治療はできません。あくまでも魂とオーラを浄化することが私のヒーリングの目標です。

魂みがきには一定の期間が必要ですので、最低でも半年以上、毎月定期的に魂とオーラの浄化セッションをパソコン画面でお会いして受けていただける概《おおむ》ね健康な方を象としています。病気治しが目的の方は病院で治療を受けていただくようお願いしており、セッションのお引き受けを固くお断りしています。

しかし、定期的にオーラや魂を浄化する過程では、結果的に体調が良くなられて主治医の先生に大変驚かれたり、生活に良い変化が現れたりするビックリ体験をされる方がこれまで後を絶ちませんでした。

でも、実は私は最初からこういう仕事をしていたわけではありません。厳しい演技指導で知られたテレビ映画監督の父と、若い頃大手損保の受付嬢だった家庭的な母との間に東京で生まれ、都立高校から私大の法学部へ進みました。大学一年の時に父ががんで他界したり、私も結核で数ヵ月入院したり、経済的にも精神的にも大変な大学時代でしたが、複数の奨学金とアルバイト収入でどうにか卒業し、大手の生命保険会社に入りました。大勢の人でリスクを支え合う保険という制度に重要性を感じたためでした。

最初は本社で事務を経験し、その後は首都圏の支社で猛烈に忙しい営業の仕事をしました。営業がらみでお酒を飲まされ、朝は歓楽街のカプセルホテルで目覚め、そのまま昨日と同じネクタイで出勤。頭が二日酔いでガンガンしながら営業朝礼の司会を仕切るといった日常でした。

その後、会社派遣のアメリカ留学を契機に、帰国後はまた本社配属となり、訴訟案件の対応など専門的な法律知識を要するチームの係長をしていました。本当に忙しく、徹夜の残業や休日出勤も当たり前という日々でした。

しかしその頃は法律関係の仕事が面白く、働きながらもっと勉強して将来は法務専門の仕事をしたいという夢を描いていました。そんな生活でしたから、まさか自分が将来サイキック・ヒーラーになろうとは夢にも思いませんでした。

転機

これはもう運命としか言いようがありませんが、私に大きな転機が訪れたのは、その頃に最愛の母が冬のカゼから急性肺炎になり、一週間でアッという間に亡くなって

しまった時でした。大学時代に父も亡くしていた私は、三〇代で両親を亡くした喪失のショックからウツになり、忙しい仕事に立ち向かう気力が無くなって、会社を辞めざるを得なかったのです。

その後、私は、ポッカリ空いた心のむなしさを埋めたくて、弁護士になって弱者を助ける刑事弁護の仕事をやろうと司法試験の予備校に入りましたが、いざ受験生活を始めてみると、勉強に身が入らず、「好きなはずの法律は自分の道ではなかったのか？」と当惑し、この先本当にどうやって生きていこうかと悩みました。

その頃、昔テレビ番組で気功師が難病の子供を手も触れずに治すのを見て、全身に電流が走るような衝撃を受けたのを思い出し、いっそ全く違う〝癒し系〟の道に進もうとひらめいたのです。

伏線はありました。会社員時代、私の母が乳がんの骨転移と水頭症という病気で要介護状態になり、私は半年間会社を休職して母の介護にあたっていたのですが、その頃自分も母も健康法としての気功を習ったり、母と共に菜食療法を実践したりしたことがあり、気やオーラ、人の健康といったものに強い興味が芽生えていたのです。

母の乳がんの骨転移については、主治医から余命が短いことや、今後麻酔も効かないような骨の痛みが強く出るであろうことを宣告され、現代医学では根本的な解決が無いと知り、愕然としました。

しかし、気功や菜食療法に出会い実践していく中で、試した様々な代替療法のうちの何が奏功したのかは不明でしたが、奇跡的に母の乳がんの骨転移は進行が止まって完全に休眠状態になり、心配していた骨の痛みは全く出ず、主治医はとても不思議がっていました。

母はその後、肺炎で突然亡くなるまでは元気で明るい日常生活を何年も過ごすことができました。その経験から私は、現代医学の限界と代替療法の大いなる可能性を身をもって感じていたのです。

武者修業の開始

私は法律の勉強をキッパリやめ、今度はモーレッツに癒し系の勉強を始めました。

まず、手始めにアメリカのヒーリング・スクールに入りました。日本での定期的な自主勉強会やアメリカでのスクーリングに参加し、世界各国から集まったヒーラーの卵達と一緒に、英語と格闘しながら一生懸命に学びました。

先生たちはサイキックの方が多く、オーラが視えたり、目に見えない高次存在をチャネリングしたり、手を触れないで人のオーラを浄化したりするわけです。先生たちによる模範のヒーリングでは、数名のヒーラーが一人の人のオーラを浄化し、ヒーリング・エネルギーが会場に充満して、エネルギーを浴びて眠くなった人々がバタバタと倒れて驚きました。

また、過去生で私と縁のあったアメリカ人女性と出会って、胸がキュンとなったり……。毎日が刺激的で、なんだか映画に出てくる魔法学校に入学したようでした。

固い金融機関の仕事や法律の世界から、収入の保証も無い全く違う世界へ身を投じた私の心境は、断崖絶壁の上から荒れ狂う海へポーンと決死のダイブをしたようで、戸惑いもありましたが、今までの仕事やこれからの進路についてのとらわれを捨てて、大胆にハートの声に従うことは実にすがすがしく、身も心も本当に自由になったと感

じました。

手から光が！

その頃、友人宅で開かれたヒーリング・スクールの実習会で、マッサージ・ベッドに横たわった患者さん役の仲間のオーラを、私が両手から出すエネルギーで触れずに浄化する「キレーション」という基本テクニックを練習していた時のことです。

その場にいた仲間の一人にオーラが非常によく視えるサイキックの女性がいて、私のヒーリングを見ていて思わず叫びました。

「あ！　神岡君の手から白い光が分厚く強く出ている！　分厚い白い霜が手のひらから生えているみたいな……。こんなの見たことないわ！」

皆が練習の手を休めて私の周りに集まり、彼女の実況解説に耳を澄ましています。

「神岡君が手からエネルギーを出すと患者さんのチャクラが白い光に満ちて、他の離れたチャクラにも光が行き渡るのが視える」

「あ！　手から出る光を受けて患者さんのオーラが体から抜け出して、空中に浮き上がろうとしている！」

その場が騒然となりました。私は普通にキレーションをしていたのですが、その光が強いため、彼女には今までにないほどよく視えたようです。

後日、私が気功ヒーリングで独立した後も、複数のクライアントの方が、ヒーリング中に空中に浮いていた感じがしたと驚かれました。

「この力はいったい何なのか……」

自分でも不思議でした。私は誰にでも出来るものと思っていましたが、実はそうではないことが後になってわかってきました。

確かに、誰でも手にはヒーリングの光が大なり小なりあって、それを開発すればある程度のヒーリングができる方が多いのですが、私は数々の遠い過去生で自分を完全に神様に捧げて生き、魂の光をとても大きくしてきたために、図抜けて強い手の光が出るのだということが後日だんだんと判明していったのです。

図1　オーラとチャクラ

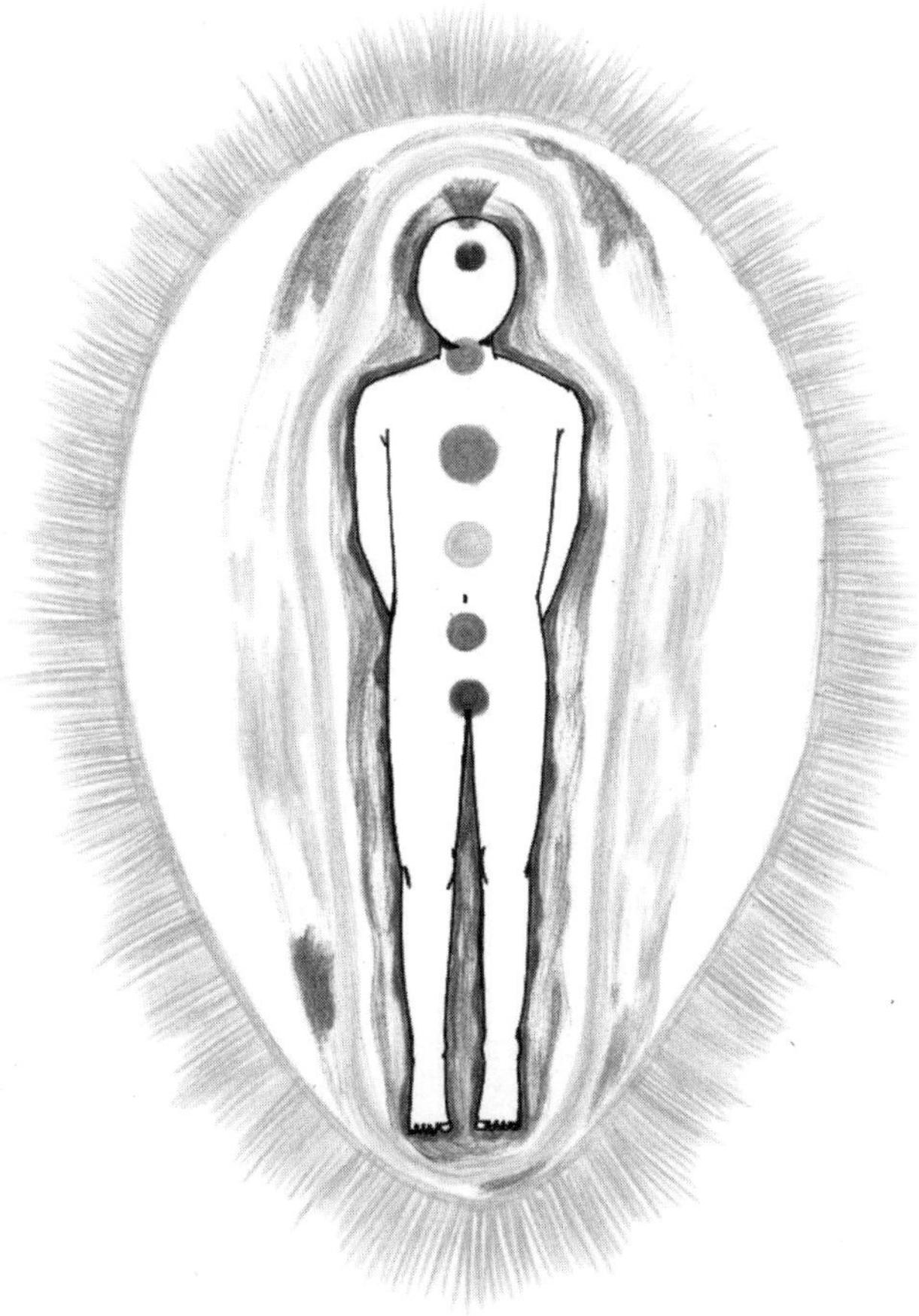

（霊視・イラスト　未見）

アメリカのヒーリング・スクールは学費が続かずに、四年間のコースの一年生の途中で辞めましたが、その後私は、なけなしの退職金の残りで今度は中国気功整体の専門学校に入りました。中医学（東洋医学）の先生たちから経絡や中国医学の基礎を学び、推拿《すいな》という伝統的な中国のマッサージを習い、「整体気功師」の民間資格を取りました。

マッサージのアルバイトのテストに合格して数年働いた後、運良く中医大学出身の先生たちが集まる都心の気功整体院にスカウトされて働き始めました。駆け出しの整体師の私の収入は、保険会社時代に比べると非常に低くなり、退職金も底をつき、苦しい生活でした。ある日大衆食堂で丼ものを注文した折、お金が無くて、あと五十円を出して味噌汁を注文することができなかった時は泣けてきそうでした。

それでも気功整体院でお客様に喜んでもらえるのが私にとっては経験したことのない喜びでした。この道の先に自分を待っていてくれる人たちや、大事な仕事がきっとある……そんな気がして、その頃私は、ハートに感じる熱い〝何か〟だけを頼りに一生懸命に働きました。

「邪気」との遭遇

その気功整体院で院長代理として働いていた頃、体の凝った所や痛みのある所、病気のある所などは、体から少し離れて触れずに手をかざしただけで、私の手にはビリビリと感じることがわかりました。

しかも、手から出すエネルギーでその汚いオーラを浄化すると、凝りや痛みが和らいだり、愁訴が消えたりすることもわかりました。これが中医学の教科書で学んだ「邪気」なのでした。

両手で邪気を感じて問題を見つける方法は、時には現代医学の検査より的確に探し当てる場合すらあります。

これは後にヒーラーとして独立してからのことですが、こんなことがありました。ある方が内臓の病気で入院され、臓器の一部摘出手術を要する状況になりました。血液検査では異常な数値が出ているにもかかわらず、病巣が何回かの超音波検査でも見つからず、放置すると大変危険な状況でした。

私が大きな総合病院に入院中のその方からご連絡を受けて、手の気感で遠隔霊視すると、腹部のある部位に強い邪気を感じました。私は主治医の先生にお会いし、民間療法のヒーラーであることを告げて、邪気を放っている部位を霊視して、絵に描いてお伝えしたのです。もちろん、主治医の先生がその情報を手術の参考にすることはできないであろうことは私も承知でしたが。

手術が開始されたものの、主治医の先生の見立てどおりの部位には病巣が見つからず、長い手術になったようですが、結局私が指摘したズバリその部位に問題が見つかったそうです。手術が成功した後、私の霊視どおりだったことが医療スタッフの間で驚きをもって語られ、ある看護師さんは「鳥肌が立った」と興奮しきりに話していたそうです。

人の肩コリに意識を向けたら原因が視えた

また、都心の気功整体院の頃、凝りや痛みのある肩や背中の邪気を浄化するには、私の場合は物理力より手から出す光で、触れずに気功浄化する方が良い結果が出ることがわかりました。

そのうち私は、クライアントさんの凝った肩や腰に意識を集中すると、その人が上司に怒られている場面や、夫とケンカしている場面などが閉じた目の裏に浮かび、凝りの原因がわかるようになりました。そうして視えた場面をお伝えすると、「その通りです！」と皆さん驚かれました。

その出来事で受けたストレスを神我の意識で冷静に受け止め直していただくと、過去の時空でヒーリングが起き、オーラに溜まった怒りの邪気が浄化され、凝りが消えることがわかりました。物理力で凝りや痛みを解消するより格段に深いアプローチを発見したのです。

遠隔ヒーリング

さらに、気功整体院の時代に私は、遠く離れた人の邪気も両手の光で相手の全身を照らし出すイメージをすると知覚できることを発見しました。

これからご来院になる方のオーラを遠隔で両手の気感で調べてみると、ご本人がいらした時のオーラは、遠隔で視たその通りなのです。しかも、遠く離れた人のオーラにある邪気を霊視して、それをイメージの力と両手の光とを動員して浄化してみたところ、遠くのご本人の凝りが和らいだのです。自分でも驚きでした。

これは後に独立してからのことですが、ある日私が東京の喫茶店で執筆中に、遠い東北地方在住のクライアントの方から携帯へご連絡をいただき、「今私は家に一人でいるんですが、高血圧の発作が出ていまして……。あまりにも体調が悪くてこのまま死んでしまうのではないかと心配で電話してしまったんです。すみません」と、SOSをいただきました。

私は喫茶店から急きょ遠隔ヒーリングを行いました。目を閉じて、両手を空中にかざして何やら手を動かしているわけで、周りのお客さんたちは思い切り怪しみながら私を見ていました。遠隔で頭のチャクラの邪気を浄化し、波動の下がったオーラ全体に光を与えるなどのヒーリングを行ったところ、手応えを感じました。

程なくご報告をいただき、168／112だった血圧が一時間後には122／80に下がったとのことで、私もほっとしました。（※注　現在はこうした緊急のヒーリングは一切行っておりません）

西洋と東洋のヒーリングを融合

話は気功整体院時代に戻りますが、そこを訪れるお客さんたちは、物理力のマッサージを求めて来る方ばかりでしたから、触れない外気功や瞑想、遠隔ヒーリングなどは、よほど理解と興味のある少数の方にしか行えませんでした。

そうした職場環境に物足りなさと窮屈さを感じるようになり、とうとう私はその整体院を辞めて、東洋医学と欧米のヒーリングを融合させ、それをサイキックな力で発展させた「気功ヒーリング」という新ジャンルを掲げて独立開業したのです。

毎日深夜まで気功整体院で働いたお金をコツコツ貯めて、小さいながらもＪＲ山手線の駅近くに自分のヒーリング・スペースを開くことができました。

「邪気」は欧米のヒーリングが扱うオーラやチャクラにもありますし、東洋医学の扱うツボや経絡にも存在します。どちらかだけでは全体がわかりません。私は両方を学んでつくづく正解でした。それらの知識と技術を土台に、様々な私のサイキック・パワーを使いつつ、独自のヒーリングを開発していきました。

自分の特性を活かせる環境で、やっと伸び伸びと仕事を始めたその頃、幸運にも女性向けの有名ファッション雑誌から取材の依頼があり、健康欄の記事で丸一頁にわたって大きく紹介されました。

取材の数日前、記者の女性が体調を崩されたとメールで伺ったので、遠隔霊視で邪気のある部位をメールでお伝えしたところ、「まだ会ってもいないのに、私の体調がズバリ的中して正直恐くなった」という取材レポーターさんの驚きも記事に載り、全国からすごい反響をいただきました。それ以来一日七〜八枠の予約枠が半年先まで満杯という状態が続き、当時は過労で私が患者さんになりそうでした。

「霊」との遭遇

その頃、ある女性弁護士さんがヒーリングを受けにいらした時、彼女の隣にぼんやりした人影を感じました。それは霊でした。

それ以来気をつけてみると、霊が知覚できることがわかりました。目で見るようには視えませんが、やはり手で触るような感じで知覚できます。重い霊は、怒りや悲しみでオーラの波動が落ちると波長が合って入りやすくなります。

別のある若い未亡人の女性は、数年前に突然夫を亡くされて以来、ずっと体が重くて困っていました。この女性のオーラには、夫の霊が重なるように入ったままになっていました。それを女性のオーラから出して、その霊に光を導き入れたところ、高い霊界に上がって行かれたのがわかりました。女性はそれ以来とても体が軽く楽になったと喜んでくださいました。

次第に私は、ある人の家系のご先祖たちがどんな高さの霊界に行っているかもわかるようになりました。高い霊界に行っているご先祖が多い人は、心身ともに健康であり、人間関係も良好な場合が多く、反対に、低い霊界に行っているご先祖たちが多い人は、病気やトラブルや貧困などで苦しい場合が本当に多いのです。地上の私たち人間は、亡くなったご先祖たちともオーラでつながっているからです。

沖縄では、ご先祖様を本当に手厚く供養・崇拝する伝統がありますが、私にはとてもうなずけるものがあります。

最近も、こんな事例がありました。あるクライアントさんのお母様が、C型肝炎から肝臓がんになり、入院されていました。ものが食べられず、腹水が溜まり、体重も三八キロまで落ち、主治医からご家族に余命も言い渡されていました。

私はこのお母様の亡くなったお母様（つまりクライアントさんの祖母）が、生前非常に苦労され、その無念のため低い霊界に行かれているのを霊視で見つけ、ご祖母の生前の苦労を慰め、「光の祈り」というお祈り（後述）を捧げて光を与え、高い霊界に導いたところ、娘さん（クライアントさんのお母様）の体調が好転したのです。

本稿執筆中の現在、宣告されていた余命を一年近く過ぎていますが、がんはまだあるものの、不思議と進行が止まって腹水も溜まらなくなり、食欲も旺盛になり、体重も五一キロに増え、最近ついに退院することができたのです。今はご家族と自宅で元気に暮らしておられ、医師が非常に驚いているそうです。

愛、調和、良心、至福の源「神我」の発見

私はある日、クライアントの方の胸の真ん中に、光を放つ光源のようなものがあることを発見しました。

以前アメリカのヒーラー、バーバラ・ブレナン先生の本で、胸の真ん中に光が描かれた挿絵を見たことがありましたが、私の感覚で捉えたものはやや様子が違うのです

が、位置からするとそれと同じものだと思いました。

私は目で視えるわけではなく、手の光を対象物に当てて触るようにとらえるのですが、のど仏の下の深いくぼみにある「天突《てんとつ》」というツボから五〜六センチ下の胸の真ん中に、卵型の立体物が横向きに埋まっているのを感じるのです。「マユ」とか「フットボール」のような形です。それは霊視では光を放っており、人によって光の強さが違います。

もっと集中して視ると、その横向きの卵型の光の中に、その人の霊的次元の神々しい別の姿が映っているではありませんか！　それについては何の本にも書かれていませんが、これが私たち人間の深い本質の姿です。そしてそれは利他的な愛、調和、良心、至福の源である「神我」なのです（次頁　図2参照）。

神我の光を覆う自我意識

ところが、胸の深い所にある神我の光を外側から覆って光が外に出てこないように

図２　手の気感で感じ取った魂（神我の光と周りの自我意識）

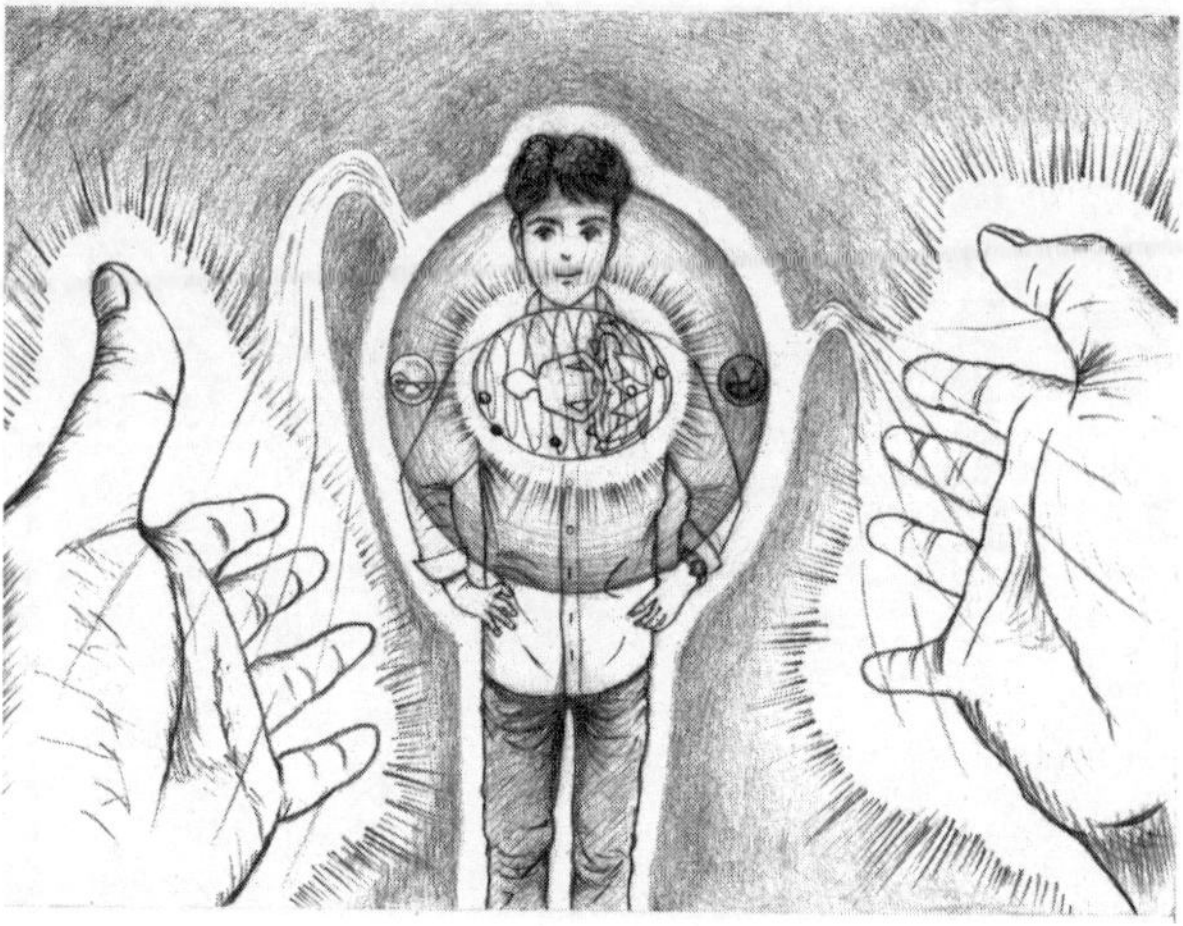

※胸の卵型の光源が神我（＝愛）。男性は向かって右側に陽我、左側に陰我がある（女性は逆）。神我の光を自我意識（エゴ）の層が覆っている。頭上と足の下にも陰我と陽我がある。
（霊視・イラスト　神岡）

さえぎっている暗いエネルギーの層が誰にもあります。それが自我意識（＝エゴ）です。

自我意識は、「私は神様から切り離されている」、「私とあなたは別々の存在である」という分離の意識です。自我意識が分厚く、神我の光が暗い人ほど利己的であり、自分さえよければ人のことはどうでもいいと考えます。家庭内の不和から職場のパワハラ、果ては国どうしの戦争まで、人間のあらゆる問題はこの自我意識が引き起こしているのです。

なお私は、神我の光と周りの自我意識を全体として「魂」と捉えています。しかし、本書で「魂の光」と言う時は、神我の光を指しますし、「魂が大きい」という場合も、神我の光が強くて大きいという意味です。神我はオーラにマウントされており、行動を共にしています（中でもハート・チャクラを通じてエネルギー交換をしている「アストラル体」というオーラ層と魂は、特にいつも行動を共にしています）。

魂には過去生や未来の一応のシナリオが記録されている

さて、神我をさらによくよく観察すると、神我の周りを数個の丸い玉がクルクルと螺旋《らせん》を描いて運行しています。その玉を私はとりあえず「魂のクオーク」と呼んでいます。

また、神我が収まっている光の卵の中には、その人の過去生や未来の一応のシナリオが刻まれている線が走っていることを発見しました。これは何の文献にも載っていませんので、自分で「ライフ・レコード」と呼んでいます。

ライフ・レコードは、グルグルと巻かれた長い螺旋《らせん》であり、そこに現在の人生だけでなく、過去生や未来の予定までも刻まれています。よく漫画で、タイムマシーンで昔へひとっ飛びするシーンなどで、時空が螺旋として描かれますが、あれはまんざら嘘でもないようです。その螺旋に付着した無数の固まりが陰と陽の感情エネルギーであり、経験した出来事にともなう感情です。それに意識を注いで集中すると、過去生の場面が影絵のように視えてきます。

陰の固まりに意識を集中すると、事故に遭った恐怖の場面や病気で苦しんでいる場面がシルエットで浮かんできますし、陽の固まりに意識を当てると、いろいろな楽しい場面が視えてきます。

私は次第に人々の魂のライフ・レコードをリーディングするようになっていきました。現在抱えている問題の遠い原因がわかりますし、未来に大きな問題が起こりそうなのをあらかじめ察知して、それに関係した怒りや恐れをよく反省していただくと、ライフ・レコードに刻まれた遠い過去生の大きな災いの記録が光で浄化されて、それとつながっている現在の人生の悪い未来のシナリオが消えて厄災を避けられたり、まだ小さなトラブルで済んだりもします。

未来リーディング

未来の可能性を調べるにも様々な方法があります。今お話ししたように、ライフ・レコードに刻まれている一応の未来シナリオを視る方法もありますし、また、クライアントの方に向かって左側の頭の横や、お腹あたりに明るいオーラや暗いオーラが視え、そこに現れる未来のビジョンをリーディングする場合もあります。

また、大地震の前には、先祖霊たちが警告しに霊界から降りても来ます。夢で知らされることもあれば、突然目の前に現れた珍しい生き物が神様のメッセンジャーとしてやって来て、そのオーラに未来のビジョンが映っていることもあります。

そういうことがわかってきて、いろいろなことをリーディングするようになっていきました。

ただし、どんな未来も完全に確定しているわけではなく、このまま行けば高い確率でそうなるという一応の青写真があるだけで可変要素がありますから、そのままの形で起こらないこともよくあります。

先入観が邪魔をして、あらぬシナリオを捉えたり、予知した災害が現実化する直前に〝天の助け〟が来て回避され、シナリオが変わったりする場合もあります。

経験的には、未来のリーディングは人に話してしまうほど現実化しにくくなります。未来のシナリオに強く意識の干渉が入るからでしょう。視えたものを誰にも言わず、自分でも忘れていると非常によく的中します。ですから、悪い未来のリーディングはそれを回避させるために行うのです。


そういうわけで、クライアントさんの仕事や結婚、進学、人間関係などについて神我の意志をリーディングする仕事は、次第に私の業務の重要な部分を占めるようになっていきました。

たとえば、あるクライアントの独身女性のために、将来の結婚相手に出会う日付、相手の身長・能力・仕事といった特徴をリーディングしたところ、それらが全て的中し（身長は一センチ違い）、私が推薦したお見合いのパーティーでリーディングどおりの素敵な男性と出会い、ゴールイン。「私にはもったいないくらい本当に素晴らしい人です」と、後日感謝のご報告をいただきました。やはり心が純粋で素直で優しい方をリーディングさせていただく場合はよく視えますし、また当たりもするのです。

世相リーディング

私は社会に将来起こりそうなことも個人的にリーディングするようになりました。大事なのは「当たった、外れた」ではありません。〝もしこのまま行けば、こうなる可能性がある〟というところを把握し、悪い未来が視えるなら何が原因なのか、今何をすべきかを考え、冷静に反省し、皆で祈って違うシナリオに変えることが大切です。

〈２０１１年の東日本大震災〉

２００７年の12月のことでした。私は当時東京港区にあった施術室で、将来の大地

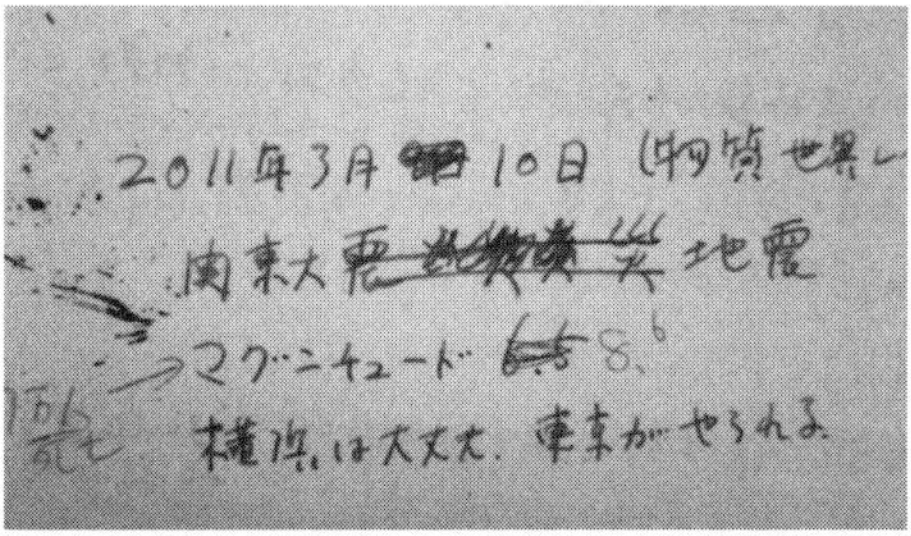

リーディングを書いたメモの実物

震を霊視しようとソファーに座って目を閉じ、両手の光を集めました。すると、数年後の時空にとてつもなく大きな黒い影が感じられ、神様に祈ってその日付を伺うと、脳内にかすかな声で日付が聞こえました。それを万年筆で書いたメモを書き残していたのです。

「2007年12月6日（※メモを書いた日付）　2011年3月10日（物質世界レベルで）　関東大地震　マグニチュード8・6　七万人死亡　横浜は大丈夫　東京がやられる」

そして2011年3月11日に東日本大震災が起こったのです。その前日に亡き母の霊が「逃げなさい」と夜明けに警告しに来たので、驚いて当時のホームページで警告しました。メモした危険日との差は一日。最大の震源は関東ではなく宮城県でしたし、メモのように7万人の犠牲者は出ませんでしたが、関東も甚大な被害で、翌日の東京新聞は「東北・関東大地震」「M8・8国内最大」などと報じ、メモとそっくりです。

しかし、メモを残していたことはずっと忘れており、発生の翌年に発見して自分で驚いた次第です。（詳細は拙著『アセンション大預言―危機を乗り越える魂のヒーリング・ワーク』2012年・たま出版　をご参照ください）

沖縄の龍神様に呼ばれて

その後、私は神奈川県藤沢市での活動を経て、2012年から沖縄県那覇市に移りました。特殊な知覚を持ち、人並み外れて「気」に敏感な私は、関東に住んでいると、福島第一原発の事故で波動が落ちてしまった大気を毎日全身の肌にビリビリと感じてしまい、また体調もひどく落ちて辛いものがありました。

今後のことを考えていた時、閉じた目の裏に大きな龍神様が視え、「沖縄に来てください、あなたを待っています」という声が脳内にはっきり聞こえました。

「沖縄の龍神様に呼ばれてしまった……」

なぜか私は小さい頃から沖縄民謡の独特な音階が非常に好きで、懐かしくもあり、シーサーのいる赤い屋根と石垣の家々、沖縄の美しい海に憧れてきました。大人になって沖縄を旅行した時、過去生で沖縄に暮らしていたことを確信しました。

移住には何の迷いもありませんでした。むしろ私の魂にとっては、やっと沖縄に帰れるという感覚でしたが、実際に移住してみると、「ここに帰って来た」という感覚をますます覚えました。自分の魂のライフ・レコードを調べたところ、沖縄での重要な過去生が刻まれていることがわかりました。

日本という国の中で沖縄は霊的な光の流れの川上にあたります。波動の高い霊的な光は沖縄に注ぎ、そこから九州、本州へと流れていくのです。先の戦争で深く傷ついた沖縄を浄めて、そこから良い波動を発信すれば、日本全体にも行き渡るでしょう。

私に何かそのお手伝いができればと思っています。

※　※

さあ、いよいよ本編の始まりです。様々な面白いエピソードを通じて、一見何の変哲も無いこの物質世界が、実は気やオーラといった意識の力が作る、どこまでもスピリチュアルな〝霊界〟であることがおわかりいただけるでしょう。そして私たちは死んで消滅する肉体ではなく、永遠の魂であり、愛であることをお話ししたいのです。

第一章

運・不運を分けるのは神我の強さ

1　良い結果が出る人と出ない人の違いとは

気功ヒーリングで独立してから、ヒーリングやリーディングは同じようにやっても良い結果が出る人と出ない人がいる、という事実に気が付くのに全く時間はかかりませんでした。そしてそれは、ヒーリングの光の出どころである神様と受け手側とのパイプの太さ次第であることが分かってきました。

魂は、神我の光とその周りを包んでいる自我意識から成っています。自我意識が分厚くて神我の光が暗く小さい人は、神様や人に対して疑い深く、ヒーリングも半信半疑です。また、人のことより自分の欲望に忠実で、プライドが高く、怒りや心配が強い傾向があります。受け手の方がそのような心の状態ではヒーラーがいくら頑張っても、ヒーリングもリーディングもいい結果が出てくれません。

逆に、神我の光が強く大きく、その周りを覆う自我意識が薄い人ほど、謙虚で肯定的で素直であり、他人への思いやりや配慮があって礼儀正しく、心に怒りや執着や心

図3　神我の光が強く大きい人の霊視

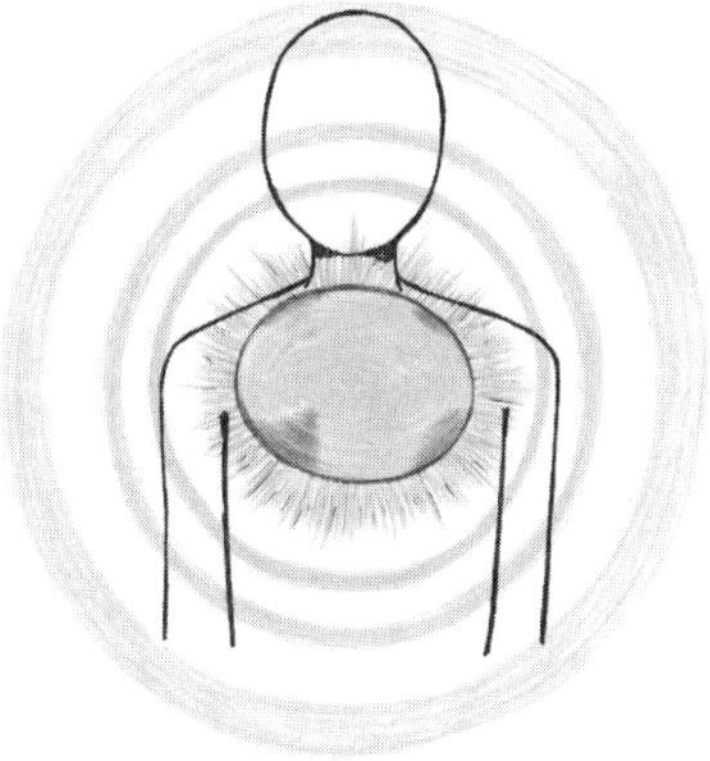

（霊視・イラスト　未見）

配が少ないのです。そういう人はヒーリングやリーディングで私も驚くような良い結果が出てくれます（巻頭グラビア・上図3参照）。

以前私のクライアントとして来ていたある外科医の先生も、「同じように手術をしても治る人と治らない人がいて、その違いがどこにあるのか私には全くわかりません」とおっしゃっていました。

私のような気功ヒーリングに限らず、現代医学の治療現場においても、きっと神我の光の強さが治療結果の善し悪しを左右しているのではないでしょうか……。

健康運にしても仕事運にしても、神我

の光を強く大きくすること、つまり自我意識を手放して、神我（＝利他的な愛）を強く大きくする〝魂みがき〟こそが、開運の一番大事な条件です。これまでたくさんの人々のオーラや魂を拝見してきて、これは間違いのないところです。

★ヒーリングの背後に働く神様の力

たとえばクライアントの方が苦手な人との悪い関係を浄化するヒーリングなどで、そのままでは二人の間の強い負のカルマを全く浄化できないような時、私は困って、一番根本的な神様、宇宙の創造主というようなものに祈って、どうしたらよいかを時々伺うようになりました。

すると、脳内にとても静かに息の声のようなものが聞こえてくる場合があるのです。その声に従って、次回のセッションまでに何らかの人助けをしていただいたり、何か悪いものに対する執着を手放していただいたりすると、次のセッションでは大量の光がやって来て、一気に浄化できるというような現象が起こり始めました。

また、たとえば、ある女性クライアントの四歳になる男の子が急に原因不明の高熱を出した時は、その理由を宇宙の創造主に祈って伺ったところ、即座に「猫をいじめないでください」という声が私の脳内に聞こえてきました。

私はお母様に「もしそういう心当たりがあれば、お子さんを猫に謝らせてくださいい」と申し上げると、お母様は即座に「心当たりがあります！　あの子はうちの猫をいじめるのです」と言いました。そして男の子が猫に謝ったところ、たちどころに熱は下がったそうです。これは明らかに、男の子の間違いを正すために神様が発熱というかたちで愛の鞭を与えたのです。

そういうことが次々と起こり、最初は自分の力でやっていると思っていた私のヒーリングの背後には、やはりというべきか、神様の大きな力が働いていることを認めざるを得なくなりました。

ヒーリングを受ける方が神様と関係が良く、神我の光が大きくないと、こういうガイダンスもよく聞こえてこないのです。魂を磨くことがいかに大切かということです。

2 人には固有の「魂の使命・憧れ」がある

自分を益する欲望である自我意識を手放して、人や社会の幸福を願い、それに貢献するようになると、だんだん深い神我の自分が現れてきて、今まで面白いと感じたものに興味がなくなったり、友だちが変わったりもするでしょう。そして、仕事ももっとやり甲斐のある自分らしい仕事に変えたくなるかもしれません。

人にはそれぞれ個性的な「魂の使命」があります。使命というと義務のようでプレッシャーを感じるようでしたら、「魂の固有の憧れ」といっても構いません。それに近い生き方をすると楽しく、また繁栄もするのです。それはその人の神我が、宇宙の創造主のお体のどの部分から生まれているかによって決まってきます。

未来リーディングやヒーリングをする時は、心を静かにして目を閉じ、意識をサイキック・モード(「気功状態」とか「入静」ともいいます)に切り替えるのですが、その状態になると、物質の宇宙を生み出している〝裏の宇宙〟あるいは「気」の世界ともいうべき広大な世界とつながります。それを「根源世界」と呼んでいますが、その中心には、物質の宇宙を生み出している超巨大な宇宙の創造主（＝神様）の存在が私には感じられます（第四章でまた詳しくお話しします）。

そして、人間の魂は皆、その宇宙の創造主のお体のどこかの部分から生まれていて、その人は創造主のその部分と特に強く繋がっているように視えるのです。

たとえば、本当に才能のあるお笑い芸人さんなら、宇宙の創造主の口角のシワあたりから生まれています。人は笑うと口角にシワが出来ますが、その部位から生まれているのです。しかも、口角に近くてシワの深い部分から生まれている魂ほどキレがあって過激な笑いを取る芸人さんです。これに対し、口角から少し離れた頬に近い部分から生まれている魂の人は、過激な爆笑を取るキレキレの芸人さんというより、思わずニンマリとさせるほのぼのと暖かい笑いを取る芸人さんです。爆笑タイプもニンマリタイプも、どちらも魂の使命なのです。

警察官や自衛官や社会派のライターの方などは、創造主の副腎から生まれている魂を持つ方が多いです。副腎はホルモンを出してウイルス等と戦う免疫機能を調節していますが、宇宙の創造主の副腎から生まれた魂の人は、人や社会を守る意識が強いのです。あるパソコンのセキュリティ・ソフト会社の社長さんも創造主の副腎から生まれている魂です。ネットウイルスから人々を守る魂の使命があるのです。

創造主の声帯から生まれている魂の人はもちろん歌うことが魂の使命であり、とても美しい声であり、歌うことが大好きでしょう。自動車を運転するのが好きで、車のドライバーが天性の仕事という人は、まずほとんどが宇宙の創造主の足から生まれています。創造主の目から生まれている人は観察力や先を見る目があり、経営者などが向いています。

また、その方の守護霊さんの魂の使命が何であるかというのも重要です。もしあなたが宇宙の創造主の指先から生まれている魂なら、手先が器用でしょう。しかもあなたの守護霊さんが宇宙の創造主の耳から生まれている魂なら、あなたもきっと音感が良くて、音楽が好きでしょう。すると、「手先が器用で音楽が好き」なわけですから、そうした守護霊さんの魂の使命とあなたのオリジナルな魂の使命との組み合わせの結果として、あなたは楽器を上手に演奏する才能があるでしょう。しかも、創造主の指の先の方から生まれている魂であればあるほど、ギターやピアノの早弾きが上手でしょう。

魂の使命どおりに生きることは、中庸のシナリオをとても強めることにもなりますから、浮き沈みがなくなり、運気が安定してきます。

「魂の使命」のヒントは、無理をしないであなたにとってごく自然にできることであり、人や環境のためになり、やっていてとても楽しく、上手でもあり、ずっと続けられて、いくらやっても飽きが来ない。

そして、あなたがそれをやると、人々からとても喜ばれるため、やり甲斐があり、決して誰も傷つけない……。しばしば、昔まだ収入を得ることを気にしなくてもよかった子供時代に夢中でやっていたことと関係していたりもします。「あなたそんなことじゃ食べていけないから勉強して進学しなさい」と、親に取り上げられた〝何か〟

かもしれません。

もちろん、あなたが親やご先祖の才能を引き継いでいて、親と同じ仕事である場合もあります。

そんな〝何か〟です。

しかし、必ずしも収入を伴う仕事とは限りません。家庭内や地域の奉仕として行う場合もあるでしょう。


リーディングのセッションで、クライアントの方の魂の使命をご本人の神我にサイキック・モードで質問すると、必ず「神のために○○をする」という風に、「神のために」という言葉で始まる答えが脳内に聞こえてきます。

自分のためやお金のためではないのですね。「神のために」ということは、「人のために」でもあります。人の本質である神我は神ですから……。これは実感として思いますが、自分は人のためを考えてさえいれば、自分のことは神様が人々を通じて面倒をみてくださいます。これは重要な点で、ここを間違えると魂の使命に出会えませんし、うまくも行きません。収入をもっと上げるために何の仕事をしよう？　という発想では魂の使命に出会うことは難しいでしょう。

3　何事も神我の声に従えば、安らかに歩める

★頭の「気」をハートに下ろしましょう

一人の人間の中には、神我の声と自我意識の声があります。よくマンガで一人の人の頭の上に天使と悪魔がいて、互いに違う考えをぶつけ合って対立しているシーンが出てきますが、実際オーラを霊視すると、誰もがそんな風になっています。

神我の声に従えば、安らかな中庸のシナリオを歩むことができますが、私たちは知らず知らずに自我意識の声にもとづいて選択し、行動しています。そして派手な成功（＝陽）とつらい苦境（＝陰）という浮き沈みの激しいシナリオに足を突っ込んでいます。もし全ての人が神我の声どおりに生きていれば、世界はこんなに争いや苦痛に満ちていないでしょう。現代人にとって神我の声を知るのはとても難しいことです。

実際、神我の声をいきなり知ろうとしても難しいでしょう。なぜなら、頭には自我意識の声があり、胸には神我の声があるのですが、日頃から常に「気」のエネルギーが首から下に降りていないと、急に神我の声を知ろうとしても感じにくいからです。

頭は自我意識（エゴ）の座です。頭に「気」のエネルギーが上りっぱなしでハートがお留守になっている人がとても多いために、社会はこんなに難しいことになっているのでしょう。

自我意識は、自分の本質を神様や他者から切り離された「肉体」と捉える、孤独で排他的な自分観を土台にしています。自我意識は欲望、執着、恐れ、不安、怒り、うぬぼれ、悲しみ、嫉妬、絶望、優越感、軽蔑、猜疑心、所有意識、怠慢などの温床です。

人間的に何か問題のある方は、霊視するとだいたい頭に「気」のエネルギーが上がっています。文字通り頭でっかちになっており、そこに陰と陽のエネルギーから成る妄想が一杯詰まっているのです。ボーッと考えごとをしている時は自我意識の妄想に浸っており、神我は肉体の外へ出て行って、低い霊界をさまよっています。

また、現代人はパソコンやゲームやスマホやＤＶＤ鑑賞で頭を使い過ぎですから、いよいよ頭にエネルギーが上がりっぱなしです。この時間が長いと肉体の健康レベルも低くなります。実際パソコンの使い過ぎで一日一食しか食べられないお子さんもいました。

一方、胸には神我の声があります。神我は肉体を一時的な魂の乗り物にすぎないととらえ、自分は創造主の一部であり、他者とつながっていると悟っています。

神我は愛、感謝、誠実さ、理性、優しさ、許し、献身、奉仕の心、共感、慈悲心、知性、尊敬、勇気、節度、信頼、忍耐、謙虚さ、自信、冷静さ、寛容さ、信仰心、満足感など、あらゆる良い意識の源です。誠実で利他的な人はエネルギーが頭に集中しておらず、いつも首から下に降りています。ここで気を下ろす簡単なワークをやってみましょう。

やってみよう！① 頭に上った「気」を下ろすワーク

❶ まっすぐに立って、考えごとをやめて頭をカラッポにします。そして、手や足や胴や背中など、首から下の全身にしばらくの間意識を置き続け、頭に上がった気を降ろしましょう。

❷ そのまま今度は、胸の真ん中にある神我（喉の下の深いくぼみの「天突」のツボから五～六センチ下）に意識を置き、魂が体の中に収まっていることを感じましょう。これをしばらく保ちましょう。

魂が体の中に収まっているとエネルギー・レベルが高まり、体調も良くなります。仕事のストレスでカリカリしている時や悩みがある時は、特に気のエネルギーを頭から下へ降ろすように心がけましょう。常に頭がカラッポになっている状態を心がけることは自我意識の足場を外し、神我の声を訊くための前段階としてとても大切です。

★神我に訊く方法

人生は選択の連続です。一つ一つの選択の積み重ねで全く違う未来に至ります。

「この子を進学率の高いA幼稚園に入れようか、仏教系のB幼稚園に入れようか？」

「次の選挙は安定感のあるA候補に投票しようか、若さのB候補にしようか？」

「お見合いの会は会員数の多いA会に入ろうか、それともセレブの集うB会にしようか？」

こういう場合、普通は好き嫌いや損得の感情で考えますが、そうするとだいたい自我意識の選択をしてしまい、後悔することが多いのです。特に話が結婚となると神我の声を聞かず、見た目で好きなタイプの女性を妻に選ぶ男性や、世間体や収入を考えて社会的に成功している男性を夫に選ぶ女性は多いようです。

また、神仏や目に見えないものを信じる方が、全くそういうものを信じない異性と結婚なさり、後々この根本的な人生観の違いにずっと苦しまれる場合が実に多いのです。神我に訊いて決めれば、こうしたことはほとんど起こらないはずです。

さて、神我の意志をどうやって確かめるといいでしょう？　誰しも悪いことをした時などは、良心の呵責で胸がキューッと痛みますが、それは神我とつながっているハート・チャクラが閉じ、神我も嫌がっているというサインです。

反対に、心配していたことが大丈夫だった時などは胸がホッとして暖かく、軽い感じになります。これは神我が肯定的な判断をしてハート・チャクラが開いたサインです。

この二つの状態をよく参考にして、何を決めるにもまず「神我はどう考えるだろう？」と気にするようにしましょう。

次に神我の声をイエス・ノーで確かめるワークをご紹介します。

やってみよう！②　イエス・ノーで神我の意志を訊くワーク

❶ 自分一人の静かな部屋で、背筋を伸ばして椅子に座り、目を閉じます。まず思考で一杯になった気のエネルギーを頭から体へ下ろしましょう。そのためにしばらくの間、手や足や胴や背中を意識しましょう。

❷目は閉じたまま、宇宙の創造主（神仏）の光を思いましょう。それは全てを生んだ巨大な聖なるエネルギーです。「何処にあるの？」なんて心配しなくても、私たちの本質ですから、思えば必ずつながります。すると波動の高いエネルギーが流れて来て、胸の神我がエネルギーに満ちます。

❸宇宙の創造主（神仏）と神我のつながりを感じましょう。宇宙の創造主と私たちの神我は一体です。神我の光は胸の真ん中の奥にあります。喉の下の深いくぼみの「天突」のツボの五〜六センチ下の体の奥です。
「私は今、思考を手放し、最も深い神我の自分になる」と決意しましょう。神我は分厚い自我意識に埋もれて想像以上に奥深い所に隠れています。

このステップには十分時間をかけましょう。つながった状態では、心が静かで胸が軽く暖かく、体が暖かく、閉じた目の前が明るく感じるでしょう。

❹その状態で、今後取るべき行動を想像しましょう。たとえば「子供をA幼稚園

に入れる」と想像します。そして、「私の中の神様、子供をA幼稚園に入れると良いでしょうか？」と言葉でも祈って質問しましょう。

神我の意志がイエスなら、胸のチャクラが開いて胸にホッとした安心感がある、胸が軽い、全身が暖かい、体の緊張が緩む感じがする、呼吸がゆったりできる、閉じた目の前が明るく感じる、未来がずっと続いていくような感じがする、首が縦に動く、などのサインがあるでしょう。

神我の意志がノーなら、何となく不安感を感じる、胸が重苦しいような感じがする、胸が塞いだ感じがする、全身が寒い、全身が堅く緊張した感じがする、呼吸が浅く速くなる、閉じた目の前が暗い、未来の時間が感じられず、行き止まりのような感じがする、首が横に動く、といったサインがあるでしょう。


最初は何も感じない方もいます。神我を感じ取る力は個人差が大きく、すぐわかる人もいれば、何年もオーラの浄化を要する人もいます。いずれにしても大変微妙です。

本書に出てくる様々なエピソードやワークを参考にしていただき、ベジタリアンになったり、ゲームやスマホやＤＶＤを遠ざけたり、恐れや執着を浄化してオーラと魂を浄化し、神我を意識して生活していく中で、少しずつ神我の意志が正確にわかる〝打率〟が上がっていきます。

答えを感じられた場合でも、自我意識のあらぬ声が神我の声を装って騙してくる場合もあります。焦っている時や怒っている時、欲望で心が騒いでいるような時は間違えやすいものです。鵜呑みにはせず、それに従った結果が良かったか悪かったか検証しつつ経験を積んで、だんだん本当の神我の声を見分けられるように研さんしていきましょう。

もし選挙で誰に投票するかを皆がこうして選んだら、笑顔の選挙ポスターやうわべだけの言葉に騙されず、本当に国民のための政治をしてくれる候補者を見抜くことができ、短期間で政治が素晴らしいものになるでしょう。しかし、真実を見抜く力は、投票者である国民の神我の光の強さ次第ですから、結局良い政治家を選択できるか否かは、私たちの霊的な研さん次第だと思います。

4　神我が光る七つのメッセージ

２００７年の夏、私は旅行で千葉県の美しい海辺の町を訪れていました。この時、とても知りたいことが湧いてきて、宇宙の創造主に祈って訊いてみました。実はその直前から、私は瞑想中に神様に祈ると、頭の中にかすかな息の声で答えが聞こえてくるようになっていたのです。全てが当たるわけではありませんが、序章で触れた３・11東日本大震災のリーディングも、このサイキックな聴覚で日付を知りえたものです。

「人間が生きていく上で最も大切なことは何でしょう？　どうか教えて下さい」

こう祈った時、まるで訊かれるのを待っていたかのように即座に、「**７つあります**」という声が脳内に聞こえてきたのです！　その後、立て続けにスラスラと頭の中の言葉が続き、時々それを万年筆で紙に書き留める手がついていけないほどのスピードで淀みなく聞こえてきました。聞き取れなくて困っている時は、同じ言葉がテープレコーダーのように繰り返し聞こえました。

これが私の妄想や想像の産物でないことは明らかでした。読み返して思わずうなってしまうほど深遠な真理が書かれており、自分で読んでみて呆然としました。

これは現代を生きる私たちへの創造主からのメッセージだと思いました。これらの意味をよく味わい、実行なさるなら、きっと神我がとても強く大きくなるでしょう。

◆一つ目は、神への愛です。

神を愛することほど大切なことはありません。神はあなたを創った愛の光であり、命の大本です。これなくしてあなたは生きていることはできません。神はあなたが考えている以上にあなたを愛しています。だからあなたも神を愛しなさい。

◆二つ目は、奉仕をすること。

奉仕は体を使って、頭を使って、神の愛の現れである全てのものに何かをすること

です。神があなたを創ったのですから、あなたも神に何かをしなければなりません。神への愛を奉仕によって表さなければなりません。あなたが何かを大切にすることは、神を大切にすることです。神への愛を体で表してください。そうすれば、神はあなたをもっと愛するでしょう。

◆三つ目は、生き物を殺さないこと。

生き物は神が創った愛の現れです。あなたが生き物を殺すならば、自然の環境はあなたを懲らしめるでしょう。

◆四つ目は、真実を語ること。

真実を語る人は神に仕える人です。神は真理だからです。真実の言葉は神の光です。真実を語らない人が神を愛することはできません。

◆五つ目は、心を手なずけること。

心を手なずけることは困難なことですが、大事なことです。心が無ければ何もできません。心を調和的な方向に手なずけることです。心を手なずけることは欲望を抑えることです。欲望があまりにも大きければ肝心なことがわかりません。欲望を抑えるにはどうしたらいいでしょう？　欲望を抑えるには神に祈ることです。そうすれば完全に抑えることが出来ます。神は欲望を消滅させることが出来ます。神の力があれば可能なのです。神に祈ることが大切です。

◆六つ目は、肉体に執着しないこと。

肉体に執着すると、肝心な神との関係がわからなくなります。肉体は必ず無くなります。神との関係は体より大事です。神こそが体を与えた大本です。体が滅びた後、神との関係が残ります。神との関係は永遠に残ります。

◆七つ目は、全ての行いを神に捧げること。

あなたが神だとしたら、あなたは何を人間に求めますか？　あなたが神なら、あなたが創った全てのものを大切に思うはずです。あなたが何かを大切にすることは、神を大切にすることです。あなたが目にする全てのものは神ですから、神に全ての行いを捧げなさい。

5 神我が強く光る「光の祈り」

ある日私は神様に祈って、誰でも宇宙の創造主に太くつながることができる祈りの言葉を教えてくださいとお願いしました。そして脳内に聞こえてきたのが、次にご紹介する「光の祈り」です。これはどんな宗教の方も唱えることができるユニバーサルなマントラです。これを受信した時、**「七回唱えてください」**という声も聞こえました。七は〝完全〟を表す数字です。

実はこの祈りで奇跡のようなことがよく起こるのです。

この言葉を紙に書き留め、最初に声に出して唱えてみた時、遠い宇宙の中心にある途方もなく強い光の源と私の神我が、太くてタイトな一直線の光のロープのようなものでグググッとつながり、私の神我が光に満ちてきたのです。そういう経験は初めてでしたので非常に驚きました。皆様もぜひ心を込めて唱えてみてください。

「光の祈り」

神の光につながります
真理の光につながります
神と私は一つになり　神の光に包まれます
神に全てを委ねます

（七回唱えます）

特に重大なヒーリング・セッションの前などは一〇八回、あるいはそれを数セット捧げていただき、あらかじめ魂の中に〝光の貯金〟を作っておいてくださるようクライアントの方にお願いしています。〝光の貯金〟は本来見えない所で善行や奉仕を重ねると魂の中に自然にできるものです。これがたくさんある人は、いざという時に天の助けがありますし、ヒーリングの効果を決定的に強めてもくれます。

「光の祈り」は深い神我から唱えましょう。我欲や期待を込めて唱えてしまうと、かえって自我意識を強めてシナリオを悪くしてしまいます。唱える前にハートの神我の意識になると意図してしばらく心を静め、もっとも深く静かな内面から言葉通りのことを思って捧げましょう。

ある日クライアントの方から「父が肺炎で入院し、重篤な状況です」と電話で伺い、私は「お父様のために光の祈りを毎日一〇八回唱えてあげてください、良いシナリオになれば良いことがあるかもしれません」とお勧めしました。その結果本当に熱心に唱えてくださり、奇跡が起こりました。ご本人様の感謝のお手紙をご紹介しましょう。

「光の祈り」で父が重症肺炎から生還

加藤さやかさん（仮名）

神岡先生には平成二五年六月からお世話になっております。それ以来先生に教えていただいた「光の祈り」を毎日唱えておりました。八月中旬に八三歳の私の父が肺炎になり、約四〇度の熱が一〇日間続き、肺の機能も低下し、とうとう人工呼吸器を付けることになりました。医療関係従事者である親戚の人からは、「良くなることはないだろう」と言われ、私も覚悟しておりました。ただ、今まで本当にお世話になった父に、娘としてできる限りのことはしたいと思い、今までの感謝の気持ちを込めて、毎日一〇八回の「光の祈り」を父に唱えました。もし亡くなったとしても、高い霊界に行けますようにという思いを込めて……。

この祈りを毎日唱えているうちに、神様に、父の肺の機能がもどり自発呼吸ができるようになること、また、心臓の不整脈が整うこと、また、腎臓の機能も回復すること、そして意識も完全に戻ることを具体的に祈っていました。

すると、三週間たったころから、肺の機能が回復し始めて、人工呼吸器からの酸素濃度も少しずつ減ってきて、四週間経った頃には人工呼吸器が必要なくなるくらいに肺の機能が回復し、不整脈もほとんど消え、腎臓の機能も回復し、意識も完全に戻りました。一〇月の上旬に一般病棟に移った父を見舞った時に、そばにいらした看護婦さんが、「奇跡だと思います。すごい生命力でした」と言ってくださいました。

本当に神様の力はすごいと思いました。また、「光の祈り」はすごい力だと思いました。神様に、そして「光の祈り」に心より感謝いたします。本当にありがとうございました。また、光の祈りを教えてくださった神岡先生にも心から感謝致します。神は愛であり、その神に委ねることのすばらしさを体験させていただけたこと、幸せです。

人は誰でも心の深い所には神様の一部としての神聖な創造パワーを持っています。神様とつながることでそれを引き出し、欲望（＝陽）や恐れ（＝陰）のシナリオを遠ざけ、愛と感謝（＝中庸）のシナリオを強めてくれるのが、この祈りの驚異的な力の秘密なのです。

苦しんでいる人のために真剣に祈れば、相手の魂にも光が灯り、その人のシナリオも良いものに変えてしまう場合がよくあります。

第二章

――豊かさと幸福をもたらす開運のヒント

第一章では、開運の土台である魂をみがくことについてお話しましたが、本章では、私が発見してきたさらに様々な開運のヒントをお話したいと思います。

6 机を片付けたら手術が不要に!? 掃除は健康と開運の基本

ある時、クライアントの女性（当時八〇歳）が、「実は、私は婦人科のある病気で、近々子宮を全部取ってしまう手術をすることになりました」とおっしゃいました。

私は、このお歳でそんなたいへんな手術を受けたら、本当にこたえるだろうと心配しつつ、女性のオーラを一メートルほど離れた所から両手のひらを向けて感じ取ってみました。なるほど患部のあたりにビリビリとした感触の邪気がありました。

そして、なぜかこの方のお部屋の机の上に、邪気のかたまりがあるのが感じられ、山のように積まれた本や書類があるはずでしたので、こう尋ねました。

「つかぬことを伺いますが、もしかするとあなたの机の上には、かなり多くの物が積んでありませんか?」

するとと、女性はギョッと目を見開いておっしゃいました。

「いやですわ、先生！　私の部屋がお見えなのですか?　実はその通りなんです。机の上には山のように本やら書類が積み重ねてあり、もう凄いことになっておりまして……。いつも片付けなければとは思っていたのですが、ここまで物が多いと一体どこから手を付けて良いやらわからずに放置したままです。でも先生、それが何か?」

「いやそれが、私も不思議なのですが、散らかった机は子宮の病気をいっそう悪くしやすいようなのです。家の各部分は体と見えないオーラでつながっていまして、汚れている部屋の部分をきれいにすると、体のオーラも邪気が消えてきれいになるのです。女性の書斎や勉強机は子宮とつながっているのです。まあ一つのおまじないだと思って片付けてみてください」と。

その方はすぐ一念発起して、机の上の大量の本や引き出しの中の物を捨てて、きれいさっぱり片付けたのです。そして一ヵ月が経ち、再びその方がご来院になった時、患部の邪気は非常に薄くなっていました。私に言われて机の大掃除をした後に病院に行き、手術は受けないで良いと婦人科の先生に言われたそうです。それから七年後に子宮の検査を受けた結果でも子宮は全く異常なしで、完治していることがあらためて確認されました。

中国の「風水」は、環境や家のエネルギーが人に与える影響を応用して、人を良い方向へ持っていく技術ですし、中医学の土台である陰陽五行説も、陰と陽、木・火・土・金・水という自然界のあり方を見抜いて人体に適用したものです。自然や環境が、見えない気を通じて人に影響を与えることは昔から知られていました。

私も敏感な自分の気感によって、家や土地全体の「気」とそこに住む人の状態がリンクしていることがわかりますし、家の各部分も、住む人の体の特定の部分と「気」のエネルギーでつながっていることがわかります。

家のどこかが汚れていたり、散らかっていたりすると、そことつながっている体の部分のオーラが邪気を帯びて調子が悪くなりやすいのです。

また、家の各部分は、宇宙の創造主のお体の特定の部分とつながっていて、家のどこかが汚れていると、その部分とのつながりの強い神仏や天使といった霊界の諸存在が疎遠になって遠のき、それらから受けるべき光や守護も来なくなります。

ただし、もちろん全ての病気がこういうことで治るわけではありません。病気はやはり病院を受診された上で、ちょっとした「おまじない」のつもりで掃除してください。

7 体の部位は機能や形の似た家の部分とつながっている

家の各部分と住む人の体の結びつきのルールは、私の分析では、だいたい次の三つが挙げられます。

家のある部分が、①人間の臓器と形が似ている（形の相似原則）②人間の臓器と機能が似ている（機能の相似原則）③体の特定の部分と頻繁に接触する、または近くにある。

家のどこかが壊れていたり、散らかっていたり、汚れていたりすると、その部分にエネルギー的な悪いものがいろいろ溜まります。悪い感情が発する邪気そのものも溜まりますし、悪しき感情を持った浮遊霊、住んでいる人と過去生で強い関係のあった低い霊や、住んでいる人自身の生き霊（怒りや執着などの自我意識が分身になった悪い波動の存在）などが居着いてしまうこともあります。

また、汚れている場所自体が低い霊界に通じる黒いトンネルの入り口になってしまい、そこを通って低い霊界の人たちが自由に往来するようになってしまうことさえあります。

さあ大変！　あなたの家は片付いていますか？　実際に、家の汚い人は全身のオーラが暗く曇っていて汚いのです。よくよく心を込めて家やものを大切にする意識で掃除をすると、ご自分のオーラもきれいになって、光を増します。

掃除をするとなんだかスッキリするのは、実はそのためだったのです。

★家と体の対応関係

今まででわかったのは次の対応関係です。どうしてこういう対応関係なのか、あなたも推測してみてください。だいたいは先ほどの三パターンで説明がつくと思います。

●キッチンのガスコンロ、離れの物置小屋、アイロン──→副腎
●キッチン・シンク、洗面台──→心臓及びハート・チャクラ
●トイレ、金庫──→腸
●バスタブ──→腎臓
●排水溝──→乳腺
●玄関のドア──→顔
●ドアノブ──→手（手首から先）
●本棚──→脳
●食卓テーブル──→肝臓
●換気扇やエアコン──→肺

●観葉植物→神経
●外壁→皮膚
●書斎の勉強机、仕事机→女性は子宮・男性は精巣
●書斎机の椅子→男性も女性も生殖器
●書斎机の正面の広い引き出し→膵臓
●洗濯機、冷蔵庫→胃
●窓→目
●下駄箱→歯ぐき
●下駄箱の中の靴→歯
●ステレオのスピーカー→耳
●階段や、階段下のスペースの物入れ→背骨
●玄関の敷居や、部屋からベランダに出るサッシの窓のレール→ひざ
●ドアの蝶つがい→肘
●神棚や仏壇、天井から下がっている電球、ベッド→松果体

●車庫──→太腿
●自動車・バイク・自転車──→両足全体
●柱──→肩

★玄関の壁を補修したら顔の痒みが消えた私

ある時、私は顔の右あごに近い皮膚が赤くなって、ひどい痒みが出てきました。どんどん悪化していき、薬を付けても気功浄化してても治りませんでした。

その時、マンションの自室の玄関ドアの左下（家の中から見ると右下）の外壁のコンクリートが一部大きく欠けていたのを思い出し、不動産会社に電話して補修しに来ていただきました。すると案の定、数日でみるみる肌の炎症が治ったのです！　自分で驚きました。

★ドアの蝶つがいを直したら肘の痛みが治った女性

ある主婦の方は、原因不明の右肘の痛みに悩んでいました。遠隔霊視でその方の家

のある部屋のドアの蝶つがいが壊れているように感じましたのでお尋ねすると、確かに壊れているとのことで、驚かれました。「それを直してみてください」とお願いし、実行されたところ、二ヵ月後のセッションでは肘の痛みが消えていたのです。

★階段の霊を浄化したら貧血が改善した女性

あるクライアントの女性は、病院の検査で毎回貧血気味と指摘されており、検査の数値が悪い時は薬も処方されていました。私は以前からこの方の背骨に邪気のかたまりを感じており、もしかするとそれが貧血と関係しているのではないかと心配していました。

ある時、この方のお家を遠隔霊視させていただく機会があり、私は階段に波動の低い霊がいるのを発見したのです。その霊は、過去生でその女性と縁が強かったようでした。この階段の霊がオーラの背骨（骨髄？）に邪気をもたらしているようだったので、女性と霊とのカルマの浄化を祈って霊を浄化しました。すると、その場でオーラの背骨の邪気が消えたのです。

それから約三ヵ月経って病院で受けた検査結果を見せていただくと、以前は「L」(正常範囲より低い) の評価だった血液に関する五項目のうち、実に四つが正常範囲内に変わっていたのです。さらにそれから三ヵ月後の検査では、五つ全て正常範囲内でした。

私は「もしかして薬の効果ではありませんか?」とお訊きすると、強く首を横に振りながら「いいえ、今まで病院の薬を飲んでもこんなに大きく変わったことはありません。薬のせいとはとても考えられません!」とおっしゃいました。

階段は縦に長く、横の段が整然と並んでいます。この形は人間の背骨の突起が規則的に並んでいるのと似ており、背骨とつながっているのです。

私のような浄霊は簡単にはできませんが、物を片付け、清潔を保つことはどなたにもでき、そこに邪気や重い霊を引き寄せにくくなります。

階段や階段下の戸袋の中はきれいに保ちましょう。

8 火と水のある所は特に清潔に

★キッチンのガス台は副腎とつながっている

火を扱うキッチンのガス台は、宇宙の創造主や住む人の副腎とつながっています。また、家を守る神様である「かまど神（あるいは竈神《かまがみ》）」と気のエネルギーでつながっており、台所にこの神様はいらっしゃいます。

ガス台の周りが汚れていると、この神様が遠くへ行ってしまい、住む人は悪しき霊から守っていただけなくなり、住む人の副腎が邪気を帯びます。宇宙の創造主の副腎から良いエネルギーが来なくなるのです。

免疫力を保つには、ガス台の周りをいつもきれいに保ちましょう。

かまどの神様を祀る信仰は、ギリシャ・ローマ・中国などにも古くからあります。神道でも仏教でも、かまどの神様は存在しており、それぞれの名前があります（インターネットの百科事典・ウィキペディア「かま神」の項参照）。私の住んでいる沖縄では、「ヒヌカン（火の神）」がこれに相当します。沖縄ではヒヌカン様は各家庭の強力な守り神として、とりわけ大切にされています。

私はよくこれらの神様を総称して「副腎の神様」と呼んでいます。体の部位との関係ではそうなるためです。

副腎はステロイドホルモンを分泌し、体の免疫機能を調節し、体を病気から守っています。これに対し、かまどの神様はその家に住む人を魔物から守り、副腎の働きを強め、カゼや炎症の邪気を浄化してくれます。

神聖な火は邪気を浄化するのです。このように副腎とガス台は、〝守る〟という働きが似ているために共鳴し合ってつながっています。

沖縄の我が家ではヒヌカン様をお祀りしていますので、大きなヒヌカン様が現に台所にいらっしゃいます。我が家のヒヌカン様は赤っぽく、体格が大きく力強い方で、泡盛とスルメイカがお好きです（笑）。

オーラの浄化をお願いしながらヒヌカン様を拝むと、その間はオーラに憑いた浮遊霊に光を照射して上に上げて浄化してくださいます。ただし、お祈りもせずに自動的に浄化してくれるわけではありません。ちゃんとお祈りして、心でその神様とつながりましょう。

ところで最近はガスコンロではなく、ＩＨのご家庭も多いようですが、かまどの神様（＝副腎の神様）はＩＨを使うと、遠くへ去ってしまいます。有史以来人類が何万年も使ってきた自然な火。それを全く違う原理の加熱方法に変えてしまうことについては、霊的な影響まで考える必要があります。

★キッチン・シンクや洗面台は心臓とつながっている

キッチン・シンクや洗面台は、宇宙の創造主やその家に住む人の、心臓やハート・チャクラとつながっています。くぼんでいて、そこから水が管の中を流れて行きます。この形は心臓とそこから出ている動脈・静脈を血液が流れて行くのと似ています。

キッチン・シンクや洗面台が汚れていると、心臓やハート・チャクラが邪気を帯び、宇宙の創造主のハートや、それとつながっているハート・エンジェルが遠くへ行ってしまいます。

ハート・エンジェルとは何でしょう？　胎児の母の心臓は胎児に血液を供給し、胎児を育んでいますが、その関係性から、ハート・エンジェルもまた胎児をはぐくみ、出産をサポートする存在なのです。

また、「ハート・トゥ・ハート」という言葉がありますように、ハート・エンジェルは魂どうしを結びつける存在でもあり、ゆえに恋愛を司ってもいます。

ですからキッチン・シンクや洗面台が汚れていると、それとつながっている心臓の調子が悪くなることが予想されますし、また、ハート・エンジェルが遠のいてしまうことから、スイートな夫婦間の愛情やトキメキが消え失せて夫婦仲が悪くなったり、独身者なら恋愛運が低下して運命の相手との出会いが困難になったりするでしょう。

また、妊婦さんと胎児の健康に少なからず影響があるでしょう。また、キッチン・シンクや洗面台が汚れていてハート・チャクラが閉じていれば、魂の神我の声が感じられなくなります。ですからそれらをきれいに保つことは本当に大切です。

9 トイレは腸とつながっていて、豊かさに関係している

いよいよ大事なトイレの話です。え？　トイレなんか興味ないですって？　ところが、トイレはお金と深い関係があるのです。トイレ掃除をすると金運が上がるという話を聞いたことのある人は多いと思いますが、確かにトイレが汚れていると豊かになるためのサポートが受けられません。そうと聞いたら興味津々ですって？　まあ現金な。では、そのほんとうの理由をお話ししましょう。

まず、トイレは宇宙の創造主や住む人の腸とつながっています。トイレは食べたものが形を変えて最後に流れ出ていく所。腸も食べ物が消化されて流れ出ていくための臓器で、どちらも溜め込んで停滞するのはよくありません。

このようにトイレと腸は、機能の面で相似性があり、波動が共鳴するようです。元気な腸を保つなら日々トイレの清潔を心がけてください。

そしてトイレは、「豊かさの神様」(私の言葉ですが)とつながっています。「豊かさの神様」も、宇宙の創造主の腸とつながっています。

さらに、お米(稲)や、お金や(大判小判は米俵の形です)、「豊かさの神様」のお遣いである白いキツネさんたちも、みな宇宙の創造主の腸とつながっています。

(ちなみに西洋の人々には白いキツネさんではなく、天使や妖精の姿で視えるかもしれません。その人の魂の遍歴や信念体系に沿ったお姿で守護神やその遣いは付いているからです)

考えてみればキツネの尻尾は、たわわに実る稲穂と相似形です。そして実を付けた長い稲穂は、凹凸が連なる長い腸と相似形です。

ですからトイレをよく掃除すると、宇宙の創造主の腸と太くつながり、それとつながっている「豊かさの神様」や、白いキツネさんたちや、お金との関係が太くなるのです。そして、遠くに去っていた白いキツネさんたちが数多く頭の真上に戻って来て、張り切ってサポートしてくれるでしょう。

★社長・部長・課長。みんな大切に

愛なる宇宙の創造主は、みんなに恵みを与え、みんなが豊かになることを願っています。私たちがそんな神様を愛し、神様のお体である地上の万物に奉仕するなら、神様は私たちを豊かにしてくださるでしょう。

もし宇宙の創造主である神様を会社の社長さんにたとえるならば、「豊かさの神様」は、部長さんであり、「白いキツネさんたち」は、さらにその下で具体的に働く課長さんのようなものです。霊界の細かな仕事は、大本の神様から力を持たされたいろいろな専門の神様たちがなさっています。

人間に富を直接もたらしてくれるのは「白いキツネさん」だとしても、全ての大本である宇宙の創造主も大切にすべきです。

なぜなら、社長さんを差し置いて部長さん、課長さんばかりご挨拶したら、社長さんは釈然としません。部長さん課長さんにしたって、自分たちのボスである社長さんを大切に思ってくれない取引先のために一生懸命に仕事する気になれないでしょう。

しかし、みんなの繁栄を願う社長さん（宇宙の創造主）を大切にして、その気持ちの表れとして、その部下である部長さん（豊かさの神様）や課長さん（白いキツネさん）を大切にするなら、社長さん（宇宙の創造主）を大切にすることになります。

★トイレ掃除は幸福感や免疫力もアップさせる

さて、トイレ掃除のご利益は豊かさだけにとどまりません。なぜなら沖縄には「フールヌカミ」（トイレの神様）と呼ばれる強い神様がトイレにいらして、悪い霊や魔物を退散させてくれると信じられており、それは先ほどお話したヒヌカン様と双璧をなす強い神様なのです。

実際にフールヌカミ様は我が家のトイレにもいらして、それはとても大きな丸顔の、目の無い神様なのです。沖縄の伝統的な信仰でも、フールヌカミ様は目が見えないと信じられていますが、本当にそう視えます。沖縄以外でも「厠《かわや》の神」「烏枢沙摩《うすさま》明《みょう》王《おう》」など、便所に祀る神様の信仰があります。

フールヌカミ様は私が邪気をくっつけていても、トイレで心の中で浄化をお願いすると、強力に浄化してくれます。光を浴びせて浄化するヒヌカン様のやり方と違って、フールヌカミ様は、口から邪気を吸い込んで浄化してくれるのです。呼び名は地方によっていろいろかもしれませんが、この神様も沖縄だけでなく、全国の家のトイレにもいらっしゃいます。

免疫学の安保徹先生によれば、「腸は、免疫力のカギであるリンパ球のうまれたふるさと」です。（新谷弘美監修『免疫力が上がる「腸」健康法より』三笠書房刊　87頁参照）この事実は衝撃的です。

悪いものを浄化するトイレのフールヌカミ様は、腸がリンパ球のふるさとであり、腸に免疫機能があるという事実と機能的に重なります。

実際、霊視で視た丸いお顔のフールヌカミ様はリンパ球と相似形ですし、フールヌカミ様が邪気を食べる様子は、白血球が体内に侵入した異物をパックマンのように食べてしまう貪食作用とそっくりです。やはり家のトイレは腸なのですね。

10 「豊かさの神様」に訊いた豊かさの秘訣

私は日頃仕事を手伝ってくれているスタッフ・ヒーラーの未見《みみ》先生と一緒に「豊かさの神様」を霊視しました。彼女はオーラ視力が強く、オーラや霊の色・形も視え、霊聴覚もあります。二人で一緒に視ると、お互いもっとよくわかるのです。

霊的な存在は、視る側の信念体系に応じて、いろいろ違う姿に視えますが、この時私たちが拝見した「豊かさの神様」は、髪の長い男性のお姿として視えました。東洋的な装束を着ておられ、無数の白いキツネさんたちに指示して、何かをあっちからこっちへ、こっちからあっちへ運ばせていました。

さて、私たちが霊視している間、白いキツネさんたちは、忙しく走りながら機敏に働いていました。よく視ると運んでいるのは、なんと米俵や木の箱に入った大判・小判なのです！　これには私も驚きました。

すかさず私は「豊かさの神様」に〝秘訣〟を訊ねました。「いったい誰にどういう基準で配っていらっしゃるのですか？」と。すると、言葉と動画のビジョンで教えてくださいました。皆さんメモのご用意を！

実は「豊かさの神様」は、神様のためによく働いている人や、人々のためために尽くしている利他的な人に、豊かに恵みを与えているのだそうです。

そのビジョンの中で、「豊かさの神様」の遣いである無数の白いキツネさんたちは、人々のために頑張って何かを与え続けている人にたくさん寄って来て、小判や米俵を与えていました。でも、自分の我欲で無理やり人々からお金を巻き上げている黒い人には全くそっぽを向いて寄っていかないのです。怒りや恐れを強く持っている人、ギャンブルをする人、ゲームに夢中の人、株や投資にハマッている人、配偶者以外の異性と浮気している人、悪しき行いの人なども助けてくれません。

よく、人々のオーラを観察していると視えるのですが、大きな白いキツネさんが付いている人は、たとえばその人にとって本当に必要なものを買う時は、少々値段が高くても心配しないで買うようにと、白いキツネさんが後頭部にへばり付いて、買おうという想念を入れているのです。

また白いキツネさんたちは、人と人を良いご縁で結びつける働きをしており、もしあなたが信心深く、誠実で利他的なセールスマンなら、まだあなたが会ってもいない潜在的なお客様（あなたの製品を必要とする善良な方）のもとに飛んで行って、相手の肩にしっかりとしがみつき、あなたにコンタクトを取るように想念を入れて仕向けます。しかし必要の無い人に売りつけるようなことはしません。

その結果彼は、ふと「検索キーワード○○でパソコン検索してみよう」と思いついたりして、あなたに出会う誘導がなされて出会うのです。

ですから企業も商店も、信心深く誠実で利他的な人を雇えば、良いお客さんが自然と増えるでしょう。

★黒いキツネ、黒い喉、暗い腸とこめかみ、心配・貪欲はお友だち

と、ここで皆様は疑問に思うかもしれません。「でも、お金に色はないというし、ギャンブルで大儲けしているような人もいるではないですか。そういう人はこの神様のサポートが無いはずなのに、どうして繁栄しているのですか?」と。

確かにこの神様のお助けなど一切無しに、ひと財産築き上げている人は大勢います。実はそういう人々には、悪神の手下の黒いキツネたちや灰色のキツネたちが憑いており、それらが悪い知恵を与えて、お金集めを助けているのです。

また、本当はお金にも色はちゃんとあって、我欲で儲けたお金を多く持っている人は、喉にグレーや黒のモヤが視えます。こうした方はいつかこの世を去る時、お金への執着でオーラが重くなっていますから、高い霊界に行く妨げになるでしょう。

よく〝喉から手が出るほど欲しい〟と言いますが、喉のチャクラは確かに欲望に関係しています。

反対に、欲望や執着ではなく「豊かさの神様」の恩寵として与えられたお金は、人の喉の周りに白い光として現れています。そういう人は、いつでも神様のご用にお金

を捧げる心構えがありますから、オーラはとても軽く、死後に高い所に行く妨げになりません。

そういう人は天にお財布を持っているといえます。地上でそんなにたくさん持っていなくても、必要な時にはちゃんと必要な金額が与えられると神様を信じていますし、現に入っても来るので、お金の心配はしませんし、困りもしないのです。

金運が良い人というと、うなるほど貯金を持っている人を想像しますが、むしろ本当に金運が良いのは、天にお財布を持っている人だと思います。

また、お金に貪欲でお金の心配ばかりしている人は、腸が暗く視えます。それは霊的には、宇宙の創造主の腸から生まれている白いキツネさんたちが、そうした人から遠く去ってしまうからでしょう。そして、そういう人は頭のこめかみの奥（大脳辺縁系や扁桃体や海馬のあたり）もなぜか暗いのです。メンタルな病気を持つ人や犯罪者もその辺がとても暗いです。

セロトニンという物質は、私には光として視えますが、ストレスに対抗するために必要な物質で、脳や腸や血液中に分布しているそうです。心配やストレスが強い人のそれらの部位が暗いのは、生理学的には、セロトニンが出ていないためではないでしょうか。

やってみよう！③　お金の心配を消し、金運を上げるワーク

❶自分一人の静かな部屋で、背筋を伸ばして椅子に座り、目を閉じます。手や足や胴や背中を意識して、頭に上がった「気」のエネルギーを体へ下ろします。

❷目を閉じたまま、宇宙の創造主（神仏）の光を思い、それとつながっている神我がエネルギーに満ち、胸や体が微妙に暖かくなるのを感じましょう（もし何も感じなくても、エネルギーはちゃんと来ています）。

❸神我に意識をおいたまま、「私は今、最も深い神我の自分になる」と決意し、雑念が消えて静かな神我の意識になるのを辛抱強く待ちましょう。自我意識が波

風の立つ海面だとすれば、神我は静かな深海の底のようなものです。神我は思ったより深い所にあります。深い神我になるほど次以降のステップで強力に浄化の光を扱うことができ、深いヒーリングが起こります。

❹心が十分に静かになったら、自分がどんなにお金の心配をしているか、また、してきたかを神我の意識で思い出していき、冷静に見つめましょう。心配は陰のエネルギーであり、神我の中庸のエネルギーが当たると中和されて消えます。中庸は陰と陽を生み出した親であり、陰と陽を中庸に変容させる力もあります。『私はこんなにお金を心配していた……。もうすぐ家賃が払えなくなるのではないかと心配ばかりしていた……』という感じです。もし不安で冷静に思い出せないなら❸のステップに戻り、もう一度静かな深い神我に沈潜しましょう。

❺静かな神我のまま、今度は金銭的な欲望を思い出していきましょう。欲望は「陽」であり、恐れという「陰」の別の姿です。何かへの欲望があるからそれが手に入らないという恐れが生まれます。欲望が無ければ恐れも存在しません。

欲望（陽）や恐れ（陰）があるのは神我（中庸）が不在だからです。神我は必要なものを望みますが、それ以上は望みません。そして、神我が望むものはちゃんと手に入ります。

❻『お金に関する状況を、恐れずに神我で、ありのまま受けとめます』と決意しましょう。（これは神様に委ねることと同じことです）すると魂の真ん中にある神我の光が、魂の外側を覆う陰のエネルギー（恐れ・心配）や陽のエネルギー（欲望・執着）に照射されて欲望や不安が消えていきます。ということは、そうした現実も経験しにくくなるということです。

❼今持っている物やお金や環境に心から感謝しましょう。また、**自分のことより人のため、社会のために働こうという正しい動機を確認しましょう。**このステップは非常に大切です。なぜなら、感謝や人の幸福のために努力する意識こそ神我の意識であり、これが優勢になれば心配など即時に消えてしまうからです！（もちろん、自分を利することは悪いことではありませんし、必要でもあ

ります が、それが強すぎるなら問題です）。

❽ 仕上げにトイレを毎日きれいに掃除しましょう。

一般にお金の不安は根強いですから、このワークは何度も行ってみてください。

11 利他的なこころざしが良いご縁を作る

人生は良い出会いが全てといっても過言ではありません。

もしあなたに将来やりたいことがあっても、それを指導してくださる人、才能を見いだしてくださる人、チャンスを与えてくださる人、励ましてくださる人など、たくさんの人々の助けが必要であり、良い出会いが必要なのです。しかし、良い出会いというものは、運良く偶然にやって来るのを待つしかないのでしょうか？　それとも私たち次第で呼び寄せることができるのでしょうか？

私はある日の遠隔リーディングで、良いご縁というものがどうやってできるのか、その瞬間を目撃したことがあります。

家に引きこもってゲームばかりしていたあるニートの青年を遠隔ヒーリングしていた時、私は彼に、「自分が人々のために一生懸命働いている未来を深く望み、そういう自分の姿をありありと想像しましょう、そのやり甲斐や喜びも想像しましょう」とお話ししました。

その青年が目を閉じて人々のために働いている将来の自分をイメージした時、霊界で素晴らしいことが起きました。エピソードでもご説明しましたが、物質の宇宙の裏には無数の魂だけでできている世界、いわば意識だけの「根源世界」というものがあります。その青年が良いこころざしを胸に抱いた瞬間、「根源世界」では、別のある人の魂とのつながりが一瞬でできて、光のひもによってしっかりつながったのが視えたのです。

どんな魂とつながったのかを視てみると、その魂は地上では学校の先生らしき男性の魂で、子供たちを指導している愛情深い方のようでした。私はその時、「良いご縁というのはこうして利他的な良いこころざしを強く抱いた時に裏の根源世界でまず作られるんだな」とわかり、感動しました。

それから半年後、その青年は、障害を持つ子供たちを預かる福祉施設のボランティアの仕事を、突然親の知り合いの方に頼まれて引き受け、長年のニートな生活から見事に抜け出せたのです。青年はさらにその施設の正社員に抜てきされ、とうとう立派に自立することができました。今のはつらつとした彼は、以前とは別人のようです。

実はこのシナリオは、半年前のリーディング・セッションで、良い未来のイメージングをした時に「根源世界」で出来たものだったのです。

ある人がどんな人であるかは友達を見ればわかるといいます。良い性質の友達が多い人もいれば、ガラの悪い仲間ばかりに囲まれている人もいます。良い人と出会いたいと思うなら、高いこころざし、利他的な願い、調和的な思いを抱いて、深く強く決心することです。良いこころざしが良い出会いや道を作ってくれるからです。

これは個人だけでなく、会社や学校やいろいろな組織の運命にも当てはまります。

社長をはじめ役員一同が高いこころざしを持っていれば、良い縁の力で良い従業員が集まりますし、良い取引先や良い顧客とつながり繁栄します。組織は経営計画だけで伸びていけるものではありません。組織もやはり人であって、人というのは結局その中身である「思い」です。企業の社長や役員は、従業員や顧客の犠牲の上に自社が繁栄したいのか、それとも従業員やお客様が皆一緒に繁栄するようにという良い願いなのか、そういった心の中身が問われます。

ここで一つ大事なのは、良いこころざしを持った場合でも、それが明日すぐに良い出会いをもたらしてくれるとは限らないという点です。数年とか数十年という時間を経て良い絆が実現することも多々あります。

今流行の自己啓発セミナーで、今日習って明日すぐ実現するようなことを謳っているケースもありますが、確かにそういうこともあるものの、即効性に重きを置くと、すぐ実現しないから嘘ではないかと諦めてしまうことになるでしょう。でもむしろ本当の出会いは、良い絆が作られてから数年、十数年、場合によっては数十年も経って

実際恐い思いをすると、魂は肉体を飛び出して、低くて暗い世界へ落ちてしまうのです。沖縄では昔から「驚くとマブイ（魂）が落ちる」と言われており、ユタさんと呼ばれる霊能者の方たちが、交通事故などでマブイを落とした人などに、「マブイグミ」（魂を体に込める、の意）という儀式を行って対処してきました。

私が沖縄に移り住んだ時、沖縄に伝わるこのマブイグミの話を初めて聞いて驚きました。スタイルこそ違うものの、それは私がヒーリング・セッションで行ってきたことと全く同じだったからです。それに関してユタさんたちのやってきたことの正しさが私にはよくわかります。

交通事故や震災の強いトラウマなど、非常に強い恐怖体験の克服には、やはり専門の治療を受けていただきたいのですが、人前で上がりにくくするとか、苦手科目を減らすとか、日常的な苦手意識ならこの方法を試してみてください。

やってみよう！④　苦手意識を消すワーク

過去に失敗して恐い思いをし、苦手意識を最初に持ったのがいつだったか、よく思い出してみましょう。ほとんどの方はそんな瞬間は思い出したくないため、無意識に心にフタをしています。怖い思いをした直後など、一時はそれも心の自己防衛として必要なことですが、いつまでも心のフタを放置すると、オーラの中に感情のかたまり（エネルギー・ブロック）ができて温存され、かえって尾を引くのです。古い過去生の感情のブロックが、生まれ変わった今生でも影響している場合は多いものです。

宇宙の創造主は無限の愛であり、胸の魂の中の神我はその一部です。そこには愛・誠実さ・理性・忍耐・判断力など、あなたの良い性質が全て備わっています。

ところが、恐ろしい思いをすると魂が体から抜け出し、体には強い感情（自我意識）が取り残されます。怒りや強い喜びを感じた時も魂は抜け落ちています。自分が宇宙の創造主の一部であることを一瞬で全く忘れてしまいます。

ですから魂が抜け落ちた瞬間にイメージの中で戻って、落とした魂を取り戻すべく、神我で正しくやり直すわけです。エアーで正しくやり直すイメージ・トレーニングは反省であり、ヒーリングであり、良い未来シナリオの創造でもあります。

❶ 自分一人の静かな部屋で、背筋を伸ばして椅子に座り、目を閉じます。手や足や胴や背中を意識して、頭に上がった気のエネルギーを体へ下ろしましょう。

❷ 宇宙の創造主（神仏）の光を思い、それとつながっている胸の神我がエネルギーに満ち、胸や体が微妙に暖かくなるのを感じましょう。

❸ 神我に意識をおいたまま、「私は今、最も深い神我の自分になる」と決意し、深い神我に沈潜していくつもりで、静かな意識になるのを辛抱強く待ちましょう。深い神我になるほど次以降のステップで強力に浄化の光を扱うことができ、深いヒーリングが起こります。

❹ 心が十分静かになったら、冷静に過去の失敗などを思い出してみましょう。た

とえば、皆の前で教科書を読まされた時に声が震えて恥ずかしかったこと、その時の皆の反応、先生の反応、心臓のドキドキする感じ……。全て思い出しましょう。ただし、その状況から逃げださないで、神我で冷静に客観的に思い出していきましょう。自我意識の自分はその場から逃げ出したいのですが、神我の自分は事態を冷静に見つめ、受けとめる余裕があります。思い出した時にまだ、すごく恐いと感じるなら、❶〜❸のステップに戻って、いっそう深い神我を確信してからやり直しましょう。昔を思い出している現在のあなたは神我のあなたであり、昔の自我意識のあなたとは違います。神我で冷静に思い出せば、怖いという感情エネルギーのブロック（＝陰）に神我の光（＝中庸）が射して、浄化されていくでしょう。

❺最後に、神我の意識で、うまく出来た未来のシーンを思い描きましょう（※注意　重度の恐怖症の方や精神疾患をお持ちの方は、このワークを行わないでください）。

苦手なことは、過去生での恐い体験が元になっている場合がありますが、本当に深いヒーリングが起きると、過去生の恐れも霊界で浄化が起きて消えていきます。何度も〝エアーで〟落ち着いてイメージ・トレーニングをしましょう。それが未来の良いシナリオを作り、成功する可能性を高めてくれます。

13
各種メディアの魂への悪影響

私はこのテーマを話す時、何をどこから話してよいやら途方に暮れてしまいます。皆様はいつも何気なく見ているテレビ・本・CD・DVD・映画・ゲーム・WEBサイト・スマホから、ご自分の魂とオーラと心身がどれだけ強い影響を受けているか考えてみたことがあるでしょうか。もしかすると、今世界がこんなに戦争や病気や貧困で苦しんでいるのは、その大きな原因として、情報メディアの急速な普及に伴い、各種メディアが与えてきた魂やオーラへの悪影響が真っ先に挙げられるべきかもしれません。

ある日私がテレビを点けたところ、昔の洋楽のプロモーション・ビデオが放映されていて、懐かしくて思わず途中まで見てしまいました。それは恐い映像を含むものでした。すると、気に敏感な私はすぐに頭が痛くなり、体も重くなってきたのです。頭痛の原因は明白でした。私の魂とオーラ（アストラル体）は、そのビデオとつながったために、そのビデオがつながっている本物の低い霊界（いわゆる地獄のようなところ）へ誘導され、そこへ落ちてしまったのです。

私はマズイと思って、すぐ自分のオーラと魂を高い霊界へ上昇させました。どうやったかといいますと、自分のみぞおちにある光（そこには宇宙の創造主そのものとしての自分の光が現れています）に意識を置いて、高い霊界に上昇していくイメージングをしたのです。すると頭痛や倦怠感はすぐ治りました。もしこの対処をしないまま過ごしていたら、その晩は確実に悪夢を見たことでしょう。

波動の低い映像や音楽を見たり聞いたりすると、それがつながっている実際の低い霊界とコネクションができて、寝ている間に魂は肉体をスッと抜け出し、その霊界を訪れるので、目が覚めた後もその記憶が残っています。それが悪夢です（※夢は寝ている間に魂とアストラル体というオーラ層が一緒に肉体を抜け出して訪れた霊界の記憶である場合が多いのです）。

波動の低い映像とは、実写・アニメ・ゲームを問わず、血が出たり破壊されたりする暴力的なもの、怪獣やホラー的なもの、扇情的なもの、低俗なものも同様です。一八歳未満視聴が禁じられているものはもちろん、世間一般の感覚では全く問題があるとは思われていないようなものでも、魂には悪い影響を与えている場合が多いのです。ニュースでも、戦争や災害のシーンは魂にとっては〝アウト〟です。神我は暴力的な場面を見たくありません。

そうしたものを視聴すると、とたんにハート・チャクラは閉じ、胸が重く、ふさがった感じがします。神我が見たくなくて目を閉じた状態です。この状態が頻繁になったり、ずっと続いたりすると、魂の光（神我・中庸・愛や知性）を覆う自我意識（陰と陽・恐れ・怒り・執着など）が分厚くなり、反対に神我が小さくなって、やがてはほとんど消えてしまうのです。

神我の光が消えるとどうなるでしょう。明朗さ・素直さ・幸福感・感謝・理性・忍耐・知性・謙虚さ・思いやり・規範意識など、およそ人間としてのあらゆる崇高な性質が消えてしまうのです。

しかも、自我意識は分厚くなっていきます。すると欲望（陽）・恐れ（陰）・怒り（陰と陽）が大きくなり、あまりにもひどくなると、暴力性・恐怖心・利己心・孤独感・無関心・うぬぼれ・自己憐憫・嫉妬・恨み・猜疑心・怠惰・絶望感などが増してきます。これが家庭や社会にどんなに害悪をもたらしているか、いくらお話ししても足りません。

以前、あるクライアントさんのヒーリングで、私はその人に何か大きな心の闇があるとわかりました。生き生きした明るい気持ちが無いのです。過去や未来が刻まれている魂のライフ・レコードの子供時代から青年期にかけて、強い陰の邪気が刻まれているのを見つけ、その頃の過ごし方をお訊きしたところ、ホラー系のエンタメが好きだったそうで、その影響が大人になっても残っていたのです。その陰を浄化するためには私のエネルギー（中庸の光）を大量に使い、かなり大変でしたが、浄化したら表情が生き生きと明るくなり、ご自分でも「以前と心の状態が全然違います！　明るくなり、内に籠らなくなりました」と驚いていらっしゃいました。

多くの方にとって全く意外だと思いますが、多くの小説や詩も、没頭すると神我の光を暗くします。一般には評価の高い文豪の作品でも、孤独・絶望・悲しみ・理不尽・怒り・恋愛・執着・戦いなどを扱った作品なら魂の光が激しく減って、読者は低い霊界とつながり、自我意識が強くなります。また、著者のオーラとつながり、著者の影響をオーラに受けます。

友愛・希望・幸福・真理・信頼・感謝・美・許し・信仰・勇気・善……そうしたポジティブな主題で、なおかつ作者の心が健全で日常生活の品行の良い人であるか。それらを総合的に考えて読むものを選ぶ必要があります。

音楽は、音が過度に電気的なものや過激なもの、歌詞や音楽の主題が扇情的なもの、攻撃的なもの、低俗なもの、悲しいもの、変則とリズムや不協和音が多用されたもの、演奏者の自我意識が強いものなどはハート・チャクラが固く閉じ、神我は悲鳴を上げます。素行に問題のある演奏者のCDは、聴くだけで悪影響があります。CDや本を選ぶ時は、手に持って目を閉じ、ハート・チャクラが閉じて胸のふさぐ感じや重い感じがしないかを確かめましょう。

もし心に感謝や平安が無いとしたら、過去に何を視聴したか、ちょっと思い出してください。何であれハート・チャクラが閉じ、胸のふさぐ感じのするものは遠ざけると神我は元気になるのです。

★魂に刻まれたメディアの悪影響を浄化するには

過去に視聴したメディアの悪影響で魂が曇り、平安や幸福感が減っているとわかっても、今さらどうすれば悪影響を消せるのでしょう？　私がお勧めするのは次の二つの方法です。

（1）視聴に限度をもうけよう

刺激的なテレビや映画やＤＶＤやゲームや本や音楽がハート・チャクラを閉じ、平安や幸福感を消すとわかっても、今まで大好きだったものをいきなり手放せないかもしれません。

その場合は、視聴するにあたっての限度をもうけましょう。完全に手放すことまでしないでも、見る時間の長さ・見る頻度・内容的に戦闘シーンのあるものは見ないなど自分で限度を設定し、無制限に取り入れることをやめれば影響をかなり減らすことができます。

やってみよう！⑤　ＤＶＤや漫画で刻まれた執着を浄化するワーク

昔ハマッていたものから受けた執着（陽）は、魂の中のライフ・レコードにべっとりと溜まって神我（中庸）の光を小さくしています。それを神我の意識で反省すると、波動の高い中庸に変容します。それは固まった接着剤に中和剤がかけられて溶けていくのに似ています。

❶自分一人の静かな部屋で、背筋を伸ばして椅子に座り、目を閉じます。手や足や胴や背中を意識して、気のエネルギーを体へ下ろしましょう。

❷宇宙の創造主（神仏）の光を思い、それとつながっている胸の神我がエネルギーに満ち、胸や体が微妙に暖かくなるのを感じましょう。

❸神我に意識をおいたまま、「私は今、最も深い神我の自分になる」と決意し、深い神我に沈潜していくつもりで、静かな意識になるのを辛抱強く待ちましょう。

❹心が静かになったら、たとえば昔好きだった破壊的な音楽やホラー映画を見てわくわくした自分を思い出し、静かな神我の意識で冷静に見つめていきましょう。どんなにそれを好きだったか、夢中だったか、親に何と注意されたか、振り返っていきましょう。魂のライフ・レコードに付着した欲望の陽のエネルギーに

中庸の光が照射されて浄化されていきます。

（2）手放したいと神我で望み、祈る

過去に視聴してきたものを浄化できても、現在もなおハマッていたらやはり繰り返してしまいます。そこでもう一つお勧めしたいのは、神様やご自分が最も神聖だと思う存在に、手放せるよう真剣に祈ることです。

実際、祈ったらウソのようにやめられなかったものがやめられた方は多いのです。それは大好きな小説だったり、タバコだったり、甘いものだったり、お酒だったりいろいろです。私のもとにはいろいろなものがやめられたという体験談が多く寄せられています。

私自身も大学時代から会社員時代まで毎日タバコを吸っていましたが、アメリカに留学していた時、聖書を読んでいたら突然涙が出てきて、清いものになりたいと心底思い、そう祈ったところ、一発でタバコがやめられて本当に不思議でした。三ヵ月間

はやはり体が覚えていて辛かったですが、神我の願いの方が強くて乗り越えられました。

あらゆることを試したけれど、やっぱりやめられなかったという方も、神我で神聖な存在に対して祈ったことはあるでしょうか？　あなたの信じる神聖な存在に深い神我から祈ると、光のエネルギーがオーラとチャクラに来て、チャクラに溜まった陽の邪気を浄化してくれます。もし手放す祈りにコツがあるとしたら、真剣に深い神我から願い、祈ることと、祈った後もしばらくそのままチャクラが光で浄化されるのを待つことです。

それと、酒やタバコをどうしてもやめられない人には、だいたい低い霊が憑いていて、それが飲んだり吸ったりさせて操っています。私はそういう人のセッションでは、強いシーサーさんに祈って守護神に付いていただき、そそのかしてくる低級霊を追い出してもらいます。シーサーさんは沖縄の古い家の屋根の上にある神聖な守り神で、沖縄みやげの定番ですが、神界に本当に存在する強い守護神なのです。絶対にやめられなかったお酒がこれでキッパリやめられた方もいます。

シーサーさんに祈って守っていただく場合、シーサーさんはとても一本気なご性格なので、ハッスルし過ぎて良い守護霊・守護神さんまで全部追い出してしまうことがよくあるのです。守護霊・守護神さんとは仲良くしてくださいと、くれぐれもお願いしてくださいね。これはとても大事なことです。

14 取扱注意！　子供のオーラは周囲に染まりやすい

★妊婦さんは夫婦げんかとエンタメを遠ざけよう

ヒーリングにいらした人々のいろいろな問題を遡っていくと、その多くが幼少期の環境や過ごし方にまで遡ることになります。

子供たちのオーラを多く観察してきてわかったことですが、子供たちはオーラが柔らかく、周囲のエネルギーの影響をとても受けやすいのです。そこでいくつか親御さんに考えていただきたいことをお話ししましょう。

実はもう胎児の頃から、子供たちは母親が外部の環境から受ける刺激を受けています。胎児はお母さんのハート・チャクラが開いていると、子宮の中で良い「気」を多く取り入れることができ、安心しながら楽に成長していくことができますが、お母さんの視聴するメディアが低俗な悪い波動のものだったり、お父さんやお姑《しゅうとめ》さんと仲が悪くていつもイライラしていたりすると、慢性的にお母さんのハート・チャクラが閉じてしまい、胎児はエネルギー的にとても枯渇して苦しくなるのです。

私はヒーリングのセッションの中で、妊婦さんに良い気づきを促したり、ご一緒に祈ったりして、妊婦さんのイライラを解消してハート・チャクラを開かせると、重くて苦しかったお腹がフワっと緩んでその場で楽になっていただけたり、ハイリスクな妊娠と言われる前置胎盤が治ったりしたケースなどが多々ありました。お母さんの神我の愛が現れてハート・チャクラが開くと、ハートの光が胎児へ行き、胎児は光に包まれ、安心するのです。

妊婦さんは夫婦げんかや親子げんかをしないように本当に気をつけていただきたいのです。暴力的な映像の視聴はもちろん、実は普通のテレビ番組を見ることでさえハート・チャクラが閉じ、胎児に注ぐ光は閉ざされてお産を困難にしています。スマホのゲーム類も一切遠ざけ、神々しい絵や美しい自然を日々目にし、調和的で優しい、光のある音楽を耳にするよう心がけて欲しいと思います。

インドでは妊婦さんには神様の絵や良いものしか見せないという話を聞いたことがありますが、エネルギー的な観点からは全く肯ける話だと思います。

★光のある学校に通わせよう

「朱に交われば赤くなる」といいますが、もともと魂の光が強くて良い子でも、保育園や幼稚園で、乱暴な子や意地悪な子といつも一緒に過ごしていると、だんだん気性が激しくなり、しまいにお母さんの言うことをきかなくなってしまいます。魂の光がすっかり暗くなって、逆に魂の光の周りの自我意識の層が分厚いものになってしまうからです。そしてそれは、周囲の悪い子たちのオーラとつながって、コピーしたようにオーラが似てくるためです。

でも、魂の光が大きな良い子の集う幼稚園を探してそこへ移れば、その子はすぐに魂の光が強く大きくなり、自我意識も薄くなり、性格が良い子に戻る可能性が高いのです。子供の様子がどうもおかしいという場合は、それはいつ頃からで、その頃どんな環境の変化があったかを考えてみる必要があります。

私がリーディングのセッションで、親御さんの依頼を受けてお子さんの幼稚園や小学校を選ぶ時は、たくさんの学校の資料を拝見し、真っ先に生徒さんの魂の平均的な大きさをリーディングします。次に校長先生の魂を霊視して、神我の光が強く明るい方かどうかを視ます。〝類は友を呼ぶ〟で、光のある校長先生の周りには、やはり良い先生や生徒さんが多く集まっているものです。

また、無宗教の学校ならば、友愛の精神を育むというようなことが教育の眼目として掲げられているかを必ず見ますし、宗教系の学校であれば、神仏を尊ぶというような項目がうたわれているかを見ます。進学実績はもう断然その次の問題となります。建学の精神に愛があるか、集う人々の魂や表情に愛（＝光）があるか。これがその子の魂にとって決定的に重要です。もちろん、お子さんご本人の魂がその学校を希望しているかを霊視します。

こうして選んだ学校に入っていただくと、そこに入って本当に良かったと後々親御さんに感謝されるのです。ぜひ労を惜しまず実際に候補の学校に足を運び、先生や生徒さんたちの表情や雰囲気を肌で感じましょう。暖かい雰囲気や明るい笑顔があるか。礼儀正しく落ち着きのある子が多いか。暗い目をした子がいないか。

そして、お子さんをその学校に入れると考えた時、ご自分の胸が重く閉じたように感じるか、それとも軽く暖かくなるか、その微妙な違いによく注意しましょう。

もちろんお子さん本人の意見もよく聞いて尊重し、親子間で意見のすり合わせを行いましょう。その学校に通わせて、もしその子の魂に明るい光が灯れば、その光は彼を生涯にわたって導いてくれるのです。

★親がお酒を飲むと子供にも邪気が行く

もしあなたのご両親がお酒を飲むご家庭なら、あなたは小さい頃よく頭痛がしたり、胃がムカムカしたり、朝起きられなかったり、イライラしたかもしれません。それは、親が飲むお酒の邪気で二日酔いの症状が子供のあなたに現れていたのです。

実は私自身がそういう家庭で育ちました。昔の父（故人）は大酒飲みで、毎晩酔っ払って帰っては夫婦ゲンカをしていましたが、その頃私は毎日が辛かったです。私は気に敏感な子だったので、いつも頭が痛く、胃もムカムカして、怒りっぽく、小学生の頃はよくかんしゃくを起こしていました。

これまで私のヒーリングにいらした多くの方のご家庭を拝見してわかったのですが、親がお酒を飲むと親のオーラが飲酒で邪気に包まれ、それが子供にもコピーしたようになります。しかも、どんなに離れていても親子は見えないエネルギーのひもで結ばれていて、子供は一切お酒を飲んでいないのに親の飲酒の邪気を受けてしまうのです。

子供の気の敏感さにもよるのですが、親が大量にお酒を飲む家庭では、子供にもなんらかの心身の影響が出ているケースがほとんどです。

酷い場合は親の飲酒で子供が鬱状態になったり、不登校になったりもします。お酒だけでなく、親が視聴する低俗なエンタメの悪影響だって子供に伝わるはずです。

どうか子供たちのためにもお酒をやめ、悪いものを取り込まないように気をつけてあげてください。

15 人は発信した波動どおりの未来を手にする

★ブログ、SNS、ホームページなど情報を発信するとき

先ほど、不調和な音楽や映像やゲームや本から魂が受ける悪影響についてお話ししましたが、今度はそうしたエンタメの発信者自身が、ご自分のリリースした作品からこうむる影響をお話しししたいと思います。

今そう聞いて、「私はミュージシャンや作家じゃないから関係ない」と思われるかもしれません。でも、今はブログやSNS・ホームページ・掲示板・動画投稿サイトなどで誰でも簡単に大勢の人に向けて作品を発信することができます。

また、電話やメールなどの一対一の発信も含めて考えれば、現代は多くの人が常になんらかの情報を発信し、人に強い影響を与えています。

文章・音楽・写真・動画・トーク・造形・ゲーム……。実は、何であれ情報を人に

向けて投げかけると、そのエネルギー（陰陽や中庸）が送り手自身の未来のシナリオにも加わり、その上を歩むことになるのです。

いったいどうしてそんなことがわかるかと言いますと、その人から見て右側の脇腹や頭あたりのオーラには、その人の未来のシナリオの波動が現れており、左側の脇腹や頭あたりには過去の人生の波動が現れています。その部分の暗さは浮き沈みの激しい困難な過去や未来を示していますし、その部分の明るさは平和な過去や未来を示しています。悪いものを発信すると、そこが暗くなるのです。

たとえば、自殺や怪我や対人関係のトラブルといった波瀾万丈のエピソードがよく漏れ聞こえてくるのは、どんな音楽ジャンルのパフォーマーが多いでしょうか？　その多くは破壊的な音楽や不調和な音楽（歌詞も含め）を発信していた方ではないでしょうか。

ある時は自分のホームページに、うっかり自我意識の強く含まれたニュース・サイトへのリンクをアップしてしまったところ、私自身に辛いシナリオがとたんに加わり、

体調不良になってしまったことがあります。発信したものを経験してしまったのです。

どうして発信したものと同じエネルギーが作り手の未来に加わるのでしょう？　どんな人も究極の霊的な次元では、唯一の宇宙の創造主の一部から生まれ出ている存在であり、他人は自分自身でもあるからだと思うのです。何かを他人に向けて投げかけたつもりでも、宇宙の創造主を経由してやがていつか自分に戻って来ます。

★数十年後に結果が出る場合も、すぐ出る場合もある

私の知り合いに、Nさん（故人）というご高齢の男性がいらっしゃいました。ある時から急にテレビのバラエティー番組やラジオ番組で引っ張りダコとなった方で、すごく楽しい発明を紹介して人々を楽しませてくれた発明家でした。

人生の晩年になってから、ある発明が有名になって、それからどんどんテレビやラジオに出るようになり、本業も忙しくなり、亡くなる直前までとてもお元気で、楽しそうに充実した大収穫期の晩年を送っていらっしゃいました。

しかし、それは偶然起こったことではありませんでした。ある日Nさんは、「僕は

若い頃からいつも人のために良いことをすることを心がけて生きてきたんですよ」と、成功の秘訣を照れくさそうに話してくださいました。

Nさんは、ヒーリング・パワーを発するピラミッドをたくさん作り、病気の人々にどんどん無償でプレゼントなさり、助けられた人々からとても感謝されていました。私も素晴らしい発明品をいくつもプレゼントしていただきました。

Nさんの魂に刻まれているライフ・レコードは、人々に尽くしてきたことを示す金色の波動が長い期間にわたって刻まれており、それが晩年以降はご自分に返ってきたことを示す濃い金色になっていました。

この世の全てのものが唯一の創造主の分身であり、周囲の全てが実は自分自身であることを肝に銘じて、一切を愛し、一切に奉仕するよう努力すれば間違いありません。

さて、宇宙の創造主は、時々人を助けなければならない状況をわざわざあなたに与えて試そうとなさいます。いいえ、それを通じてあなたに恩寵を与えたいのです。

体験談

「ホームレスの方を助けたら立て続けに願いが叶った」

清川和子さん（仮名・主婦）

その日、ある男性が、子供の通う幼稚園近くの線路下の角にうなだれて座っていました。多少気になりながらも、いつものように黙って通り過ぎました。気になりながら自宅に着くと、主人も同じ光景を目にしていたようで、夕食の前に主人はちょっと見に行ってくるといって出かけ、戻ってきてこう言いました。「ホームレスのような感じの方だけど、何か全てに絶望しているような……足も痛んでいて歩くのが難しい感じだった。それで、お金を手に渡したら、うなずいて胸のポケットに入れてくれたから、今頃食べ物でも買いにいってくれるといいけど……」

それを聞いた私は、急にいてもたってもいられなくなり、おにぎりを二つ作って、ジュースとバナナと一緒に、そしてお金を買い物袋にいれて、現場へ急行したのです。「よかったらこれ少し食べてください」と、私が買い物袋を男性の横におくと、男性は眼鏡をとって、手で目をふきました。男性は、あまり反応しませんでした。が、「何かお役にたつことはありませんか?」とか、「がんばってください」とか、引き際の悪い私は何度か声をかけながらも、後ろ髪ひかれながらその場を去り、自宅に戻りました。

ところが、この出来事の翌日と翌々日、私たち家族に、にわかに二つの良いことが続けて起こったのです。この二つの朗報は、私たち家族がこの数ヵ月間、とても待ちわびていたもので、私と主人は、ホームレスの男性に良いことをしたお礼なのかもよ！　と、笑いながらほっとしたのでした。

その一週間後の神岡先生のセッションで、この朗報とホームレスの男性の件をお伝えしたところ、先生が、「それは騙されましたね（笑）」とおっしゃるのです。私はとっさに、「私の心はまだ修行が足りないのか……詐欺にあってしまったか」とがっかりしたのです。

でも、先生のリーディングで伝えていただいたことは、すぐに私を感動に変えてくださいました。なぜなら「このホームレスの男性は、光がとてもさしており、施しをする体験を私たち夫婦に与えるために、神様の意図によって出会わせてくれた特別な人です」と！　なんと素敵なことなのかと、目がウルウルし、神様が私たちを守ってくださっていることを本当に実感しました。

＊　＊

私がこのホームレスの男性を遠隔霊視したところ、光輝くオーラをされており、自我意識が全く無くて、まさに光（愛）だけの人でした。実はこの方がホームレスの男性に出会ったのは、私のリーディング・セッションの中で、良い縁をもたらす「白いキツネの神様」（96頁参照）が真上にいないので、トイレ掃除を毎日熱心に行いましょうと私に勧められ、実行し始めたその直後だったそうです。

これは全て本当の出来事です。人に与えた愛は必ず神様に届いています。この方はその後、神我の声に従い大企業をお辞めになり、夢が叶って美しい大自然溢れる外国へご一家で移住することができたのです！

第三章

健康はオーラの浄化から

16

引っ越し鬱病は、魂が前の家に残っている

★人のオーラは土地や建物や人に付着する

「引っ越し鬱病」で悩む方が多くいらっしゃいます。引っ越しを契機にして気持ちが落ち込み、家事に手が付かなくなったり、心身が重くて何もやる気が出なくなったり、気持ちが塞いでイライラしたりと、症状は様々です。今まで慣れ親しんだ地域や人々と別れて、新しい場所で生活することにともない、心に大きな喪失感が生まれて罹るのでしょうか。

私はヒーリングのセッションで、そうした方を何人も拝見してきましたが、エネルギー的には、前に住んでいた地域や家にその人のオーラがたくさん残っていて、新しい家に移った時に、オーラのエネルギーが不足してしまうためのようです。

特に、気に入った家や土地に長く住んでいた場合ほど、執着のエネルギー（＝陽のエネルギー）がその場所に多く付着していますから、引っ越した時にたくさんのオー

ラを残してしまうことになります。

ある時、私は引っ越し鬱病になった三〇代の女性が以前に住んでいた家を遠隔霊視して驚きました。なんと、その家の中に今でもその女性のオーラと魂の一部があって、まるで生き霊が住んでいるように感じたのです。

そこで私は、遠隔ヒーリングで手から大量の光のエネルギーを出し、家に付着したその生き霊のようなオーラと魂を引きはがし、女性の本体のオーラに戻してあげたところ、すっかり元気になってしまったのです。

また、あるご高齢の女性も長く住んでいた家から引っ越しされ、それ以来鬱がひどく、何もできずに苦しんでいました。年を取ってからの引っ越しは体にすごくこたえるといいますが、この方も前の家にオーラと魂の一部がしっかりと残っていて、それを私の大量の光のエネルギーで引きはがし、体に戻してあげたら、嘘のように元気になられ、ご家族も本当に驚いていました。

実は私の飼っている二匹の猫も引っ越し鬱病になりました。「猫は家に居着く」という言葉があるくらいで、飼い主よりもむしろ住んでいる家に強くなついてしまうという性質があるようです。以前住んでいた東京のマンションから神奈川県に引っ越して以来、私の猫たちは急に元気がなくなり、毎日何もせずただ寝てばかりになってしまいました。私はまさか引っ越し鬱病だなんて気が付かず、どうしたものかと心配していました。

ある日、たまたま前に住んでいた東京のマンションの近くに行く機会があって、懐かしくてマンションを外から眺めていた時、なんと、うちの猫たちのオーラと魂が、生き霊のように住んでいた八階の部屋に残っているのを霊視で見つけたのです！「猫たちは引っ越し鬱病になっていたのか！」と気が付き、すぐ二匹のオーラと魂を部屋から遠隔ヒーリングで引きはがし、神奈川県にいる二匹の本体のオーラに送り届けました。そして帰宅すると、二匹とも嘘のように元気になっていたのです。

人のオーラは土地や建物や人に付着する粘性があって、いつも行く場所や会う人にすぐ付着します。自分のオーラを何かにくっつけるのはとても簡単です。愛着をもって見たり接したりすればすぐにくっつきます。でも一度くっついたオーラを引きはがすのは難しいのです。それを引きはがせるのは神我の中庸の光だけでしょう。

もし読者の皆様の中に、引っ越してから元気がないという方がいらっしゃいましたら、次の方法を試してみてください。この方法でどの程度奏功するかは、人によって神我の光の強さもまちまちですから何とも言えませんが、私が自分自身の引っ越しに伴い「魂とオーラの引き戻し」をした時の方法をご紹介しますので、参考になさってください。

やってみよう！⑥　昔住んだ家から魂を取り戻すワーク

❶自分一人の静かな部屋で、背筋を伸ばして椅子に座り、目を閉じます。手や足や胴や背中を意識して、頭に上がった気のエネルギーを体へ下ろしましょう。

❷宇宙の創造主（神仏）の光を思い、それとつながっている胸の神我がエネルギー

に満ち、胸や体が微妙に暖かくなるのを感じましょう。

❸以前の家に住んでいた時期に戻ったとイメージしましょう。過去の時空において、「私は今最も深い神我の自分になる」と決意し、深い神我に沈潜していくことを意図し、静かな意識になるのを待ちましょう。

❹心が静かになったら、住んでいた家を冷静に思い出していきましょう。その家がいかに好きだったか、どんなに楽しい思い出がそこにあったか、あくまで客観的に冷静に思い出していきましょう。
それによって、家に付着した執着のエネルギー（＝陽）に神我の光（＝中庸）が照射されて古い家とのコネクションが浄化されます。また、周辺の好きだったお店や公園、思い出の場所も神我で冷静に思い出していきましょう。懐かしむ心で思い出してしまうと、かえって執着で陽のオーラをくっつけてしまいます。あくまで神我の冷静な意識で客観的に見つめていきましょう。

❺『私は、この懐かしい場所にしがみついていた魂を、今の私の魂の中に全て引き戻す！　私は完全に今ここに存在する！』と決意しましょう。生き霊のように古い家に残っていた魂とオーラの体がヒューッと飛んで来て、自分に合体するのをイメージし、感じましょう。オーラの世界では実際にそうなります。これが心身にも反映します。

17　カゼを遠ざけるオーラの防衛

★カゼの時はうつさないよう外出を控えよう

カゼの流行っている時期に電車やバスに乗ると、車内のあちこちに咳をしている人や鼻をすすっている人がいます。もしカゼをうつされたくないなら、そもそもそういう方に近づかないことです。鼻をズルズルしている人が隣に座ってきたら、勇気を出して早く席を立って離れることです。

そもそも、カゼをひいていて他人にうつしてしまう恐れがある人は、治るまで人に迷惑をかけないよう、無闇に人混みへ出かけないのがマナーでしょう。

ところが、平気で他人にうつし回っている人が多くて閉口してしまいます。もちろん悪気は無いのでしょうが、他人への気配りが足りないと言われても仕方がありません。

たとえ自分はもうカゼが治りかけていて大丈夫だと思っても、ひどい鼻声ならカゼの邪気はまだたくさんあるので人にはうつるはずです。カゼをひいたら学校も会社も十分に治るまでは休むというのを、どなたも基本に据えていただきたいところです。


私は多くの方がカゼを軽く考えていると思います。カゼはオーラ的にはすごく強い陰の邪気（拡散する方向性の邪気）です。私の母がそうだったように、抵抗力の弱っているお年寄りがカゼをひくと、肺炎になって命取りになることさえあります。

私のヒーリング・セッションは、以前は直接ご来院いただいて行っていましたが、私がカゼをひいてしまうと別のクライアントの方にうつしてしまいますので、昔からカゼをひいている方のご来院はお断りしてきました。カゼの邪気の防御方法が次第にわかってきてからは、もう何年もカゼをひいていませんが、開業当初、冬は本当に毎日がカゼとの戦いでした。

毎日次から次へご来院される方が皆さんカゼをひいているという状況がよくありましたから、私もカゼに関しては研究に研究を重ねました。

カゼの流行っている時期は、翌日ご来院の予定がある方全員を遠隔霊視で拝見して、オーラにカゼの邪気がある方に私の方からご連絡差し上げて「おカゼを召されているようですので、明日は申し訳ありませんが遠隔セッションにいたしましょう」とお願いしていました。電話をもらったクライアントの方は「確かにカゼ気味です。どうしてわかったのですか？」と、よくギョッとされました（笑）。

★カゼの人はオーラにカゼの邪気がある

マスクをすれば大丈夫ですって？　いやいや、私のオーラ観察では、カゼは鼻や口から吸う空気や飛沫感染だけで移っているわけではないようです。うがいや手洗いを励行しても、それだけで防げるとはとても思えません。

実は、カゼをひいている人はパチパチ、チクチクと感じる非常に荒い邪気を全身のオーラにまとっているのです。オーラの大きさにはかなり個人差がありますが、カゼをひいている人の体からおよそ半径八〇センチ～一メートルまでの空間には、その人のオーラが濃く広がっており、カゼの邪気も濃くあります。薄いオーラ層ならもっと大きな半径まで伸びています。

スタッフ・ヒーラーの未見《みみ》先生がカゼの邪気を霊視すると、黄色と黒が混在している線香花火のようなパチパチとした光として視えるそうです。もしそんなカゼの邪気が誰にでも見えたら、カゼの季節など学校はパニックになるでしょう。「うわっ！　君、カゼの邪気スゲーじゃん！　わー、寄るな」なんて。

★〝カゼの邪気の株〟（カゼの震源地）

実は、カゼにかかったばかりの人を霊視すると、必ずオーラのある箇所に、カゼの邪気が特に濃くなっている〝カゼの邪気の株〟があるのです。どろっとしたペースト状のものです。想像しただけで気持ち悪いですが……。そこから全身の経絡（気の通り道）に沿って邪気は広がっているのです。

〃カゼの邪気の株〃が、もしその人の背中のオーラ（空間）にあるならば、ごく最近真後ろにカゼひきさんが立っていた状況があったはずで、その人にくっつけられたのです。〃カゼの邪気の株〃が体の右側にあるなら右に、左側にあるなら左にカゼの人が立っていたはずです。カゼをひいた日の状況を尋ねますと、高い確率で〃カゼの邪気の株〃がある側に、鼻の出ている人が立っていたことが確認できました。まあ、それを「空気感染」とか「飛沫感染」という既存の概念でくってしまえばそれまでの話ではありますが。

これは私自身の経験ですが、〃カゼの邪気の株〃を誰かからペッタリと自分のオーラにくっつけられてから、せいぜい二時間以内であれば、何とかオーラ全体に邪気が広がる前に自分の手から出す気功の光で浄化することができて、ひどいカゼに発展しないように抑えることができました。

しかし、邪気をくっつけられているのを知らないまま何時間も過ぎてしまうと、あれよあれよという間にパチパチする邪気が経絡を伝って全身のオーラに広がって、深いところにまで入って来て、どうやっても浄化できずカゼをひいてしまいました。

経験上、特に背中や後頭部を走る「膀胱経」という経絡にカゼの邪気が入ると、あれよという間に全身に広まって、背中がゾクゾクしてしまうようです。

★防衛の基本・カゼの人から早く離れる

これはあくまでもオーラ的な観点からの話ですが、他人のカゼの邪気が自分のオーラにくっつかないようにするためには、どれくらいの距離をおく必要があるでしょうか？　これまでの自分の経験では、**最低一六〇センチは離れなければならず、安全を見込むなら二メートル～二・五メートルは離れたいところです。**

なぜかといいますと、先ほどお話ししましたが、あなたのオーラも「衛気《えき》」（次項でお話しします）というオーラ層に守られた濃い部分は、個人差はありますが、だいたい体から八〇センチ前後のリーチがあり、薄いオーラ層はもっと長い半径がありま す。ですから、もしあなたの肉体がカゼひきさんの体に八〇センチ前後まで近づいてしまうと、あなたのオーラは完全に相手のオーラと重なって、邪気がくっついてしまうのです。これではいくらマスクをしていてもカゼはうつってしまいます。

ただし、カゼひきさんのオーラの中にいる滞在時間がおよそ二〜三分までなら、どうにか邪気をもらわないで済むかもしれません。一〇分以上ならほぼアウトで、その場合はマスクをしていても、帰宅後にうがいをしても、手を洗ってもおそらくほとんど効果は期待できません。

電車を待っている時など、もし真後ろの人が鼻をズルズルしていたら、すぐにその場を離れないと、背中にペッタリ〝カゼの邪気の株〟がくっついて、「膀胱経」に沿ってあっという間に邪気が広がってしまいます。

★2021年　ロング新書版へのアップデート情報

2021年から新型コロナウイルスがパンデミックを引き起こしました。インフルエンザより感染力も致死率もずっと高く、重症や死亡もあり、しばしば倦怠感などのつらい後遺症が残ります。新型コロナは、明らかにカゼより強い警戒が必要なのです。

私は2020年にサイキックな観察で、人のオーラは広い範囲まで拡がっている薄い層が少なくとも約四メートルのリーチを持っていることを突きとめました。つまり、他人から八メートル離れないと、オーラ同士の接触によるコロナの邪気のオーラレベルでの伝播は完全には避けられません。

私は2020年に車の信号待ち中やドライブスルーの列で、後ろの車のドライバーが半径四メートルの私のオーラの中に数分間いたことで、軽いコロナの邪気を何度かうつされました（自己ヒーリングで治しましたが）。

私も相手も車内ですから空気感染ではありません。「安全を見込むなら二メートル～二・五メートル離れたい」と2015年の本書で述べましたが、これは普通に治る一般的なカゼについての記述です。

しかし、八メートルも離れるのは実際は不可能ですから、コロナが終わるまでは、極力テレワークで働いたり、学んだりするように努力したいところです。

でも、あまり心配しないでいただきたいのですが、多くの日本人は、強い免疫力をもたらす「コロナのカウンターエネルギー」とでも呼ぶべき光（波動）が、胸の魂の神我からオーラ内に多く放出されている傾向があることがその後の霊視でわかりました。

邪気がオーラに着いても、絶対に発症するというわけではありません。これが自然免疫をもたらしている〝ファクターX〟かもしれません。また、発症するか否かは、邪気との接触時間や邪気の強さ（感染力）、そしてその人が中庸（神我）のシナリオを歩んでいるか否かにもよります。

また、神様との関係が良い神我の大きな方は、善良な光のUFOに祈ると、空から浄化してくださるのでトライしてみてください。学校や会社や通勤電車の上に常駐して浄化ビームで守ってくれるよう祈りましょう。

コロナを過度に恐れないことも大事です。

★ある種のカゼはうつりにくい

　ということは、もし身動きできない満員電車やバスの中で、酷いカゼひきさんが隣に来たら、次の停車駅で人々が降りて身動きがとれるようになって移動できるまでに、避けられないかたちで邪気をくっつけられてしまいます。その場合はもう苦虫をかみつぶしたような顔で運命を受け入れるしかないというのでしょうか？　いいえ、それでも助かる見込みはまだけっこうあります。

　まず、一般的なカゼの邪気はひいてから一定期間までが最盛期で、その間はパチパチと感じる火花のような荒い感触も強いですし、他人にうつる勢いが強いのですが、その期間を過ぎると、さしものカゼの邪気も勢いを失って、荒い感触が無くなってしまいます。もらったカゼの邪気がもしそのように最盛期を過ぎていれば、オーラにくっついてもあまりうつされないで済むでしょう。やはりカゼも若くてイキのいいヤツが手強いのです。

　もう一つは、後でも触れますが、過去生からの縁が強い人とのオーラのつながりを通して、相手のカゼの症状だけをもらってしまう場合がけっこうあるのです。そういうカゼは症状が酷くても、邪気の現物はほとんどオーラに無いので、他の人にはうつりにくいです。私の中では「コピー・カゼ」と呼ばれています。

たまたま隣になった酷いカゼひきさんが「コピー・カゼ」の人なら、ずっと隣にいてもおそらくうつされないで済むでしょう。

経験的にもう一つ人にうつりにくいタイプのカゼは、私の中で「パターン・カゼ」と呼ばれているもので、昔ひいた酷いカゼが基になって、それが未来の自分に共鳴し、同じパターンの症状を再現してしまうタイプの、いわば一人で勝手になるカゼ様の症状で、過去の経験が波紋のように未来に繰り返すのです。

これは推測ですが、怒りや欲望が強く出てきて陽が増え、心が平安（中庸）を失うと、陰陽的な反動として、昔のカゼの症状（陰）を再現してしまう場合があるようです。また、寒さや乾燥という環境条件が過去にひいた大カゼの時に似てくると、過去の時空とオーラが共鳴して、過去の大カゼの症状を再現しやすいようです。毎年同じ時期に同様のカゼをひくとしたら、「パターン・カゼ」かもしれません。

パターン化している怒りや欲望に自分で気づいて、神我の意識でそれをよく反省して怒りや欲望を消すと、だんだんひかなくなるのですが、お隣の人がこういう「パターン・カゼ」なら、性悪なカゼの邪気は無いのでうつされないですむかもしれません。

18 体を守るバリヤー「衛気《えき》」を霊視

ツボや経絡《けいらく》を扱う「気」の医学である東洋医学（中国医学）には、「衛気《えき》」という概念があります。「衛気」は全身にあり、体内では臓器を暖め、体表面では肌の汗や毛穴を調節し、外部からの邪気を防ぎ、体内に入った邪気を出す、などと考えられています。「衛気」が弱くなると、邪気が侵入して病気になるというわけです。

しかし、東洋医学の文献にもいったいその「衛気」がどんなふうに分布しているのか、はっきりしたことは書いてありません。気は肉眼では見えないため、経絡の電気的な測定や推論でしかわからず、理論上そう考えられているということです。

私はヒーラーという仕事柄、かねてから体の防衛に大切な「衛気」というものに強く興味を持っていましたので、オーラの色も肉眼で見るように視える未見先生に手伝ってもらって、私の触知的な感覚と共同で今回数日にわたって集中的に観察してみました。

私たちが観察した「衛気」は、赤みがかった紫色で、体の表面から八〇センチぐらい離れた空間まであって、全身のほとんどのオーラをカバーしていました（巻頭 図4参照）。「衛気」は「衛陽」とも呼ばれ、陰陽でいうと陽の気とされていますので、色も暖色系です。

★「衛気」は大小の二重構造

「衛気」をもっと詳しく観察してみましょう。

両方の肺の上の方の部分に、もやもやした赤紫色の光があり、そこから赤紫色の無数の光の線が上の方へ額の高さまで伸びています。それらの光の線は、木の枝が扇状に広がっているのに似ています。それらの線の先から出た赤紫色のエネルギーが、オーラの真ん中（主に胸部から下腹部にかけての胴）あたりを保護するやや小さな「衛気の内側のバリヤー」を作っています。

しかし、肺の上の部分から出ているそれら複数の赤紫の光の線のうち一本だけは、とても太く長く、頭の上約八〇センチまで伸びています。その先端から出る赤紫色の光は、頭頂部からつま先まで包むかたちで、体表面から八〇センチくらいまでの空間を防御する大きな「衛気の外側のバリヤー」を作り出しています。

このように、「衛気」は大小の二層構造をしているように視えました。

感情のストレスは生命力の貯蔵庫である腎の気を減らし、そこからパワーの供給を受けている肺もパワー不足になります。すると「衛気」が減って、体のバリヤーが弱くなり、風邪をひきやすくなったり、肌の調子が悪くなったりします。

したがってストレスから身を遠ざけ、深い神我の意識でつらい状況でも冷静に受けとめ、肺を大事にすることが強い衛気と免疫力を保つために重要です。

図４　肺から出るバリヤー「衛気」

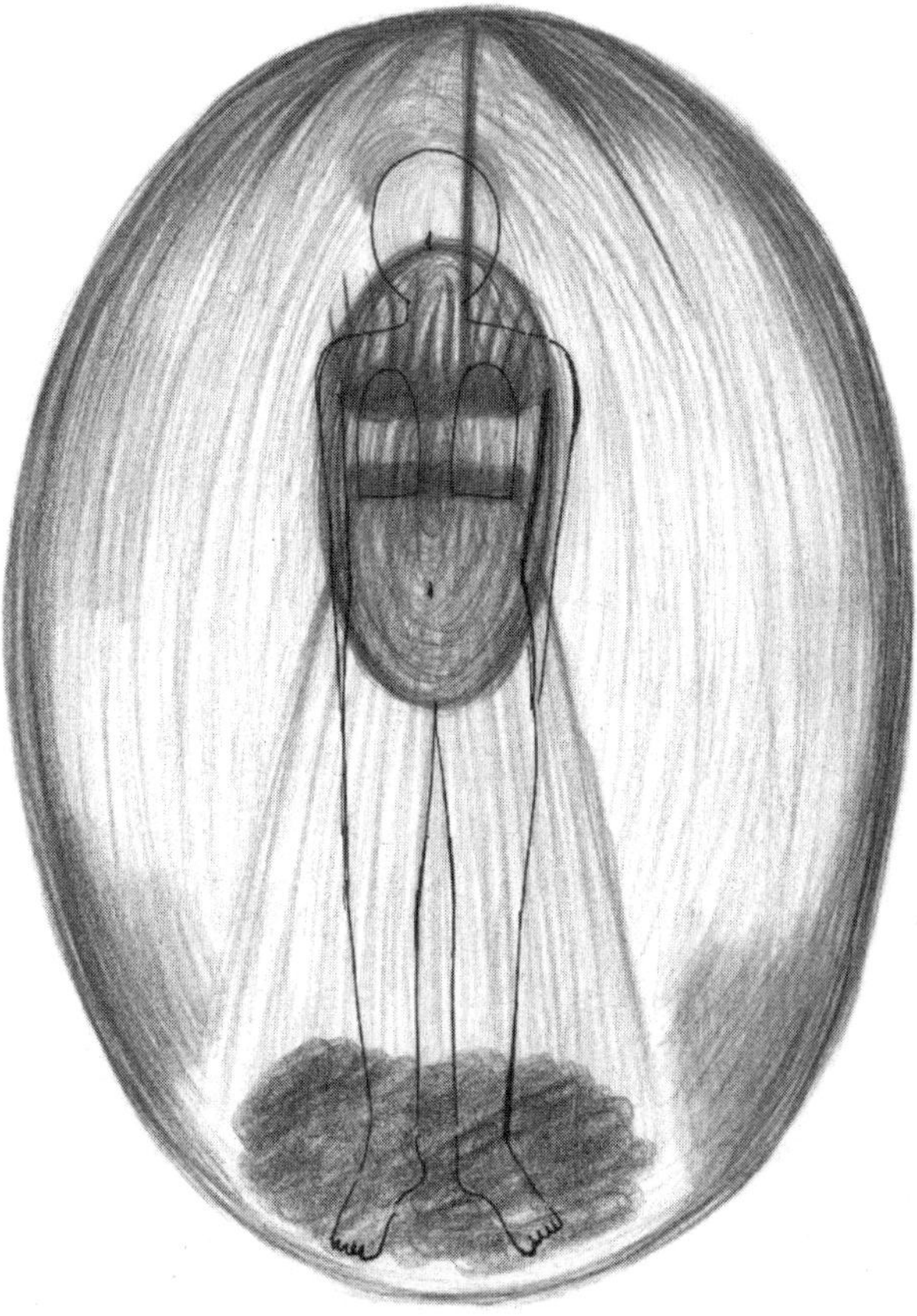

（霊視・イラスト　未見）

★「衛気」は食べ物のオーラから作られる

よくビタミンCは肌の健康に関係しているといわれますが、「衛気」も体表面や体内の臓器を暖かく保ち、発汗を調節したり水分を全身に行き渡らせたりしていると考えられています。そこで私は実験のため、ビタミンCのタブレット（五〇〇ミリグラム）を飲んでみました。

するとわずか十秒で、「衛気」の内側のバリヤーが強まり、その状態が何時間か続きました（陰性のビタミンCを摂ると体内は冷えて内臓冷えを促進しやすいため、摂取には注意を要します）。

さて、今度は強い陽の食品である味噌を食べると、時間をかけて約一〇分後にやっと「衛気」が濃くなりました。しかもこの場合は、大きな外側の「衛気」のバリヤーが強まったのです。味噌に限らず、陽の食品を食べるとそうなります。不思議ですね。

後に、中庸である無農薬の玄米（放射能の入っていないもの）をゆっくり噛みながら食べてみたところ、五分ぐらいかけて「衛気」の外側のバリヤーと内側のバリヤーが両方同時に強くなりました。しかも、バランスの良さといい、強さといい、ビタミンCや味噌よりもしっかりと「衛気」が濃くなりました。そんな無農薬玄米を食べない手はありません。

東洋医学では「衛気」は「水穀《すいこく》の精微《せいび》」（食べ物の持つ栄養や微細な気のエネルギー）から作られると考えていますが、観察の結果、それは本当なのでした。

新型コロナウイルスは若い人や子供は重症化しにくいと2020年前半に言われだした時、それは強いウイルスと闘う活力源である陽のエネルギーが若い人ほど多いためではないかと私は思いました。陽は年齢と共に減っていくというのが東洋医学の常識だからです。

そこで私は、新型コロナに対抗するには強い陽である亜鉛のサプリが重要と考え、自主的に飲み出したところ、新型コロナに亜鉛が良いとトランプ大統領や多くの研究者が提唱しはじめました。実際、亜鉛を摂ると、外側の衛気がとても強まるのが霊視で視えます。

また、ケルセチンを亜鉛と共に摂ると、細胞に取り込まれにくい亜鉛を細胞に取り込むのを助ける（山嶋哲盛医師談・「日刊ゲンダイ」2020年5月22日）と紹介されました。確かに衛気の表面に集中した陽が、体の内側までとり込まれる様子が霊視でわかりました。

さらにコロナの邪気をオーラ上浄化できるカウンターエネルギーが私の五冊の既刊本から出ており、それを波動転写した水を風呂に六〜八リットル入れ、硫黄の温泉の匂いがする入浴剤も入れて入浴すると、外側の衛気が強まり、また、オーラにあるコロナの邪気が消えやすいことを霊視で確認しました。（風呂釜の材質により変色しますのでご注意下さい。）

★「衛気」は外から来る邪気と闘っている

人の周りのオーラにある風邪や新型コロナの邪気やワクチンの邪気にあなたのオーラ（衛気）が触れて付着すると、あなたのオーラ（衛気）は浄化しようと懸命に陽のエネルギーを使い、消耗し疲れて眠くなります。人混みが疲れるのはそのためです。

今は殆どの人が新型コロナや〝ワクチン〟の邪気を帯びているため、テレワークが理想的です。

なお、mRNA遺伝子を使用した新型コロナの〝ワクチン〟は治験中であり、ワクチンとは呼べませんので打たないよう強くお勧めしますが、この〝ワクチン〟の邪気は頭上や体の周りに浮いている黒い風船のように視え、衛気はこれらに対しても良い〝氣〟を照射し、浄化しようと果敢に闘っているのです。現代医学がもっと進歩し、それを捉えて欲しいです。

19　遠くの人ともオーラで繋がっている

それでは、カゼの人と間近で会わなければカゼは防げるのかというと、残念ながら完全に防げるわけではありません。しばらくの間、ほとんど人と会ったり外出したりしていないのに、また、家族にもカゼをひいている人はいないのに、なぜか自分だけ急に鼻が出たり、熱が出たりしたという経験はありませんか？　また、「いつもあの人がカゼをひくと、なぜか自分も必ずひいてしまう」と思ったことはありませんか？

先ほど私は、〝過去生からの縁が強い人から症状だけをもらってしまう場合があり、そうしてもらった「コピー・カゼ」は、症状は酷くても邪気の現物は移された人のオーラには無いのでうつりにくいとお話ししました。そういう「コピー・カゼ」の場合は、縁の強い人とオーラのひもでつながっていて、それを通じて相手のオーラのコピーを被ったようになっているのです。

もっともカゼの諸症状のサイクルも、まるで本物のカゼのようで全く見分けがつきません。コピー・カゼは薬を飲もうと養生しようと、ほとんど効きません。残念ながら相手の人が治るまで待つしかないようです。

★やっぱりくしゃみは誰かが噂をしている

遠くの誰かが急に思い立ってあなたに電話をかけてくる場合、あるいは誰かと誰かがあなたの噂話をしている場合、彼らのぶしつけなエネルギーがあなたに向けて唐突にドンとやってきます。その瞬間、あなたの体を守るバリヤーやオーラが急に反応して、異質なエネルギーを払いのけようとしてくしゃみが出るのです。

私は遠隔ヒーリングの予約時間の少し前になると、予約いただいている方のエネルギーが来て、その方のオーラを被ったようになり、オーラが重くなります。時々くしゃみが出ることもあります。予約の入っている前日から相手の方のオーラを被ったようになることも多々あります。

なぜか急にある人を思い出したら、ちょうどその人から電話が来たという不思議な経験をしたことはありませんか？　それは相手の人があなたのことを考えていた段階で、もうその人のエネルギーがあなたに来ており、相手の想念を無意識にキャッチしていたのであなたは思い出したのです。それは一種のテレパシーというわけです。

また、私は翌日や近々会う予定になっている人が、何かつらい問題を抱えていたりする場合、その相手とのエネルギーのつながりを通じて想念がやってきて、会う直前に苦しい夢を見たりすることがあります。

また、翌日会う相手が大好きな人やものが、夢に出てきたりする場合もあります。そういうのも、見えないオーラのエネルギーの繋がりからキャッチしたものを夢として見ているのです。

★うつるのはカゼだけではない

さて、話をカゼに戻しましょう。実はカゼに限らず、いろいろな症状が過去生でご縁の強かった身近な人から来ています。もちろん家族の場合も多いのですが、職場で仲の良い人、あるいは逆に仲の悪い人、よく話すご近所の人やそのお子さんなど、過去生からの執着や怒りで強く結びついた人々の影響を私たちは常に受けたり、与えたりしているのです。

ある日私が喫茶店でパソコン仕事をしていた時、二人のビジネスマンが入ってきました。二人はとても気が合うようで、なにやら楽しげにずっと話し込んでいました。そのうち一人の男性が言いました。「オレさ、腰が痛いんだよね。ここなんだけど」するともう一人が、「え、ほんと？　オレもそこが痛いんだよ。奇遇だねえ！」と。

いえいえ、実は奇遇ではありません。私は後学のために二人の魂をこっそり霊視させていただきましたが、やはり過去生から深いご縁がある二人でした。彼らの腰痛はどちらかが震源地で、どちらかがコピーです。

世間の常識では、風邪以外の症状がうつるなんてあり得ないことでしょう。でも、癌をよく診る医師がご自分も癌になったとか、心療内科の医師がご自分もメンタルな病気になったという話を時々耳にします。これは都市伝説の域を出ませんが、医師はご自分が診療する病気になることが多いと聞いたことがあります。たくさん訪れる患者さんの中には、担当医とご縁の強い方がいて、患者さんの邪気をシェアしてしまうことがあったとしても、オーラの繋がりのことを知っていれば特に不思議ではありません。

私もよく新しいクライアントさんとセッションを開始すると、その方が私と強いご縁のある場合は、定期的にお会いしているうちに私の食欲が変化して、その方の体型に近づいていくことが多いのです。しかし、その方とのやりとりが途絶えると、次第に私本来の体型に戻っていくのです。また、すでに述べましたが、特に小さいお子さんはまだオーラが柔らかくて影響を受けやすいため、乱暴な性格のお友達ができると、そういう性格も似やすいものです。

こうして人間は良くも悪くもオーラを通じて影響を与え合っているのです。まして過去生から繋がりの太い人と出会えば、影響を強く与え合うことになります。しかし接触が途絶えて年月を経れば、また徐々に相互の影響は小さくなっていきます。

まずそもそも自分のカゼが誰から来ているのか、それを突きとめるのもなかなか難しいものです。もしわかった場合は、一定期間私のヒーリング・セッションで何回もかけて相手の方との過去生からの感情（やりとりした古い執着や怒りや恐れ）を魂から浄化すれば、行き来する邪気の量は減らせます。

ですが、一般の方が自力で行うのは簡単ではありません。しかし、真剣に取り組めば個人差はあるものの、それなりにできるでしょう。

ある程度ご自分でできる対人関係のヒーリング・ワークにご興味のある方は、拙著

『アセンション大預言─危機を乗り越える魂のヒーリング・ワーク』と（たま出版）、『アセンション大預言Ⅱ─光の家族　カウントダウンがやって来る！』（たま出版）をお読みになってください。

20　ベジタリアンは宇宙が味方する

★肉食は動物の感情や傷をまとう

食肉にされるために殺される牛や豚やニワトリや魚たちは、皆本当に苦しみながら死んでいきます。屠殺《とさつ》の現場を写した動画を私は勉強のために一度だけ見たことがありますが、かわいそうで胸がつぶれそうでした。あんなふうに殺されるのがもし自分だったらどんなだろう？　もし自分の可愛がっている動物だったら食べられるだろうか？　そう思いました。

彼らは低く暗い霊界に行っており、そこで苦しんでいるのが視えます。かわいそうなので私は肉と魚介類を食べないベジタリアンを通しています。ベジタリアンになるのにそれ以上の理由が必要でしょうか。

私は卵も食べませんが、それはニワトリの命を摘み取ったり、彼らのカルマを背負ったりしないためです。また、貝だって獲ろうとすれば貝殻を閉じて防御します。そうやって逃げたり拒否したりする生き物は食べる気がしません。

牛乳などの乳製品は作るときに牛を傷つけないので時々はいただきます。でも体質に合わないため、たくさんは飲みません。

肉や魚を食べると、低い霊界に行って苦しんでいる動物や魚の霊とオーラのエネルギーで繋がります。そして、その動物の性質や感情の波動が、食べた人のオーラにフワッと被さるのです。

まとうのは動物たちの感情の波動だけではありません。屠殺されるときの傷跡も、低い霊界に行った動物たちの霊体には残っていて、肉を食べるとそういうオーラ的な傷もまといます。しかも、仮にものの肉を食べても、その全身のオーラをまといます。

沖縄にはヤモリが多く、我が家にもしょっちゅう出没します。私の飼っている白い雄猫の誠君はイタズラで、ヤモリが出るとすごい勢いで追いかけ回し、パクッと食べてしまうのです。どんなに叱っても動物ですから本能で毎度同じことをやってしまいます。誠君は得意満面ですが、少し経つと陰鬱な表情になり、必ず数日はすごく苦しそうで、外に出て遊ぶ元気もなくなり、目を閉じてひたすらジッと苦しさに耐えています。

その理由を霊視すると、低くて暗い霊界で苦しんでいるヤモリとオーラでつながっていて、ヤモリの苦しさを感じているのだとわかりました。その証拠に、死んだヤモリをお祈りで高い霊界に上げ、ヤモリの霊体の傷をヒーリングしてあげると、誠君はたちどころに元気になるのです。人間も動物や魚を食べれば、当然霊的に重くなるはずです。

また、食肉にされる動物たちには遺伝子組み換え穀物が与えられており、肉を食べると間接的に遺伝子組み換え穀物を取り込むことになります。これは本当に大丈夫でしょうか？

ベジタリアンになって何年か経ち、魂の浄化も進んできたある日、私は実験のためにあえて豚骨ラーメンを食べ、ビールを飲み、タバコを十何年ぶりに吸ってみました。すると私の魂の光はたちまち曇り、感謝とか平安とかそういう満たされた良いフィーリングがさりげなく消え、「何かが足りない、何か行動してないと満たされない」、そんな不足感や焦燥感に駆られました。その晩私は悪夢を見ました。

夢の中で私は一人で薄気味悪い山道を歩いていました。後ろから悪意を持ったどう猛な豚が追いかけて来るので、恐くて懸命に走って逃げるのですが、だんだん追い詰められてしまい……という恐い夢でした。「もうだめだ！」と思ったところで目が覚めました。その夢は前日に食べた豚骨ラーメンの豚が行った低い霊界へ、私の魂が睡眠中に訪れた時の記憶でした。魂の浄化が進んでくると、肉を食べることを魂が嫌がって、そういう霊界へわざわざ行って夢で見る場合があるようです。

★宗教的な食事を霊視して驚いた！

以前ニューヨークのマンハッタンを旅行した時、ある宗教の規則に厳格に則《のっと》って屠《ほふ》られた動物たちを霊視したところ、それらはとても高い霊界に行っており、それらを神様に感謝する祈りを捧げて食している人々のオーラも、食べたものから悪い霊的な影響を全く受けていないのが視えて、本当に驚きでした。

私が昔住んでいたフィラデルフィアの町でも、ある別の宗教に則って作った肉料理を霊視したのですが、この場合も全く同様でした。さらに、日本にも動物を屠って神様に捧げる宗教儀礼が残る地方がありますが、これも動物は天国に行っていました。

ただし、動物を屠って神様に捧げる宗教は世界にいろいろあるようで、それらの動物が全て高い霊界に行っているわけではありません。ある宗教の儀礼に則って捧げられた動物たちが皆暗い霊界で苦しんでいるのを視て、可哀想に思ったケースもあります。やはりいろいろな場合があるということです。

★ベジタリアンのメリット

ベジタリアンの人々を霊視すると、魂の光が強く、オーラに怒りや恐れや執着といった自我意識がとても少ないのです。魂の中に陰のシナリオ（恐れ）や陽のシナリオ

（執着、欲望）が少なく、その代わりに中庸のシナリオ（愛、調和、感謝）が太いのです。たとえ大変なことがあっても、宇宙のサポートにどこかで守られていて、何とか乗り越えられるのです。私のヒーリングもベジタリアンの方には特に良い効果が出ます。動物も神様の分身ですから、大切にすれば神様にいっそう愛されるわけです。

私は三〇歳の頃、母の乳がんの民間療法のために母と二人でベジタリアンになりましたが、最初は肉だけをやめてしばらく魚は食べていました。しかし、しばらくして胸の神我の促しに従い、生き物のカルマを取り込まないように魚も食べなくなりました。最初の一年くらいは玄米の選び方が悪かったのか、体重が減り、周囲に心配されましたが、ある時期から体重が戻って、今は菜食歴二〇年になりますが、適正な体重を維持しています。

最近は大豆から作られた肉の代替食材も豊富に種類がありますし、それらを使った我が家の菜食料理も家内が研究を重ねてくれて、レパートリー豊かで素晴らしい内容になっています。豆腐で作るハンバーグや、とんかつ的なもの、はたまたウナギではない鰻重などもいただけて、家にいる限りベジタリアンであることも忘れているくらいで、ストレスは全くありません。

ただし、外食で卵の入ったパンしか買えない場合や、だしの入ったうどんしか食べられない場合は、「食前の祈り」をよく捧げた上で感謝していただいています。

レストランではその都度店員さんにお願いして肉や魚を除いて作ってもらいますが、それが無理な場合は自分でよけていただきます。

今の日本の食環境は、残念ながらまだ欧米に比べるとベジタリアンへの配慮が著しく遅れています。あまり過剰に神経質になるとストレスで心が疲弊しますので、社会生活に支障をきたさない範囲内で、ある程度は大らかに構えつつ、その代わり長くベジタリアン生活を続けています。


私はベジタリアンになってからとても心が静かで穏やかになりました。たとえば、以前は心の中で人に対する意地悪な声がして、自分がイヤになる瞬間が毎日のようにありましたが、それが一切なくなりました。ああいう雑念の多くは肉食から来ているのです。体も疲れにくくなりました。この心の平安と体の軽さは何ものにも代えられません。

ただし、ベジタリアンになっても、過去に食べた影響が残っていますから、効果を感じるまでには一定の年月がかかります。私がベジタリアンになった時、神様に特別なお祈りを捧げ、今まで食べてしまった牛、豚、トリ、魚、魚介類などの霊を全て高い霊界に上げていただきましたが、一段と心が静かになったのはその時からでした。

現在私は遠隔ヒーリング・セッションの中で、ベジタリアンになる気持ちが固まったクライアントの方に、私と同じそのお祈りの浄化をしています。一回それが終わると、床にへたり込みそうなほど大量に私の光も使われるため、一日に一人しかできませんが、それをお受けいただいた一人の方はこう語っています。


「頭に思考がやって来なくなりました。たとえば車を運転していても、普段は必ず頭の中でおしゃべりしていて、あれやこれや思考がやって来て、ともすれば前の車のドライバーに腹を立てたり信号にイライラしたりしますが、そういう粗い感情が、浄化を受けてからまずありません。内側がとても穏やかで静かで、運転そのものに集中

しているのが自分でわかります。お祈りの浄化によって外れてくれた感情は、暗い霊界に行っていた動物たちの邪念だったのでしょうか？」（久保田雪子さん・仮名・四〇代主婦）

実はこの他にも、全く同じご感想をたくさんお寄せいただいているのです。

ベジタリアンになりたいという魂の促しが湧いてくるかどうかは、その方の魂の成長段階によって異なります。深いレベルで希望していない方が無理に行っても意味は無いでしょう。また、人によっては肉を摂らないと体調が保てない体質の方もいらっしゃるでしょう。特に育ち盛りの小さいお子さんには、いろいろな栄養が必要という説が根強くあります。

ベジタリアンになりたい方は、医師によくご相談のうえ、何年か時間を掛けながらよく自己観察し、健康診断も受けつつ段階的に無理のない範囲で始めましょう。週に一日は生き物に感謝するために肉を控えるというスタイルもあろうかと思います。

★ビタミンB12の不足に気をつけよう

菜食で不足する栄養をサプリメントで補うことは必要不可欠だと思います。**ベジタリアンはビタミンB12が不足することが判明しています。ビタミンB12は動物性食品にしか含まれない必須栄養素であり、造血や神経細胞の発育に必要です。**欠乏すると、貧血・手足のしびれ・知能障害・免疫力低下・倦怠感など多様な症状が出るそうです。

B12の不足の有無は病院の血液検査で調べてもらうことができますが、普通は一日に2・4μグラム摂取する必要があり、ベジタリアンの女性は妊娠、授乳期にはB12を充分摂らないと、赤ちゃんの大脳萎縮や発語遅延や運動能力の障害が出ることもあるそうです。B12は過剰に摂っても尿中に排泄され、害は無いそうです。

自らベジタリアンである医学博士小窪正樹先生はご著書で、病院で処方されるビタミンB12は一錠五〇〇μグラムであり、妊娠・授乳期の女性はこれを一日二~三錠（一〇〇〇~一五〇〇μグラム）意識的に摂取する必要があると解説されています（『食物と健康と霊性』医学博士・小窪正樹著　サティア・サイ出版協会刊　一二五頁以下参照）。

私はビタミンB12のサプリメントを飲んでいますが、原料が動物性ですから、買ってきた時点で瓶ごと「食前の祈り」（後述）を捧げて浄化しています。こうすれば動物のカルマを取り込むことは最小限ですみます。

21　「自然な玄米」は魂が喜ぶ

★「自然な玄米」は創造主や神我と同じ光を放つ

心が愛と感謝と平安に満ち、体が疲れにくく運気も良い……。そんな素晴らしい状態になっていくのを助けてくれる食べ物、それは玄米です。ただしそれは、●放射能が入っていない、●農薬を使っていない、●化学肥料を使っていない、●有機肥料も使っていない、●水に漬けると発芽する生きた力のある、そういう玄米です。それを本書では「自然な玄米」と呼びましょう。

それを、●ＩＨや電子レンジや電子ジャーを使わず自然な火で、●土鍋か炊飯用の鍋で、●放射能の無い水で、●サムシング・グレートや生産者への感謝・食べる方への愛をもって炊いた、そういう玄米ご飯をいただくと心身が良くなる素晴らしい力になってくれるのです。

一体どうしてこんなに多くの条件が付かねばならないのでしょう? 私は決して神経質なことを言っているわけではありません。こんなに条件を付けなければならないのは、それだけ自然に反する生き方をしている今の人類にこそ求められるべきなのです。


私はスタッフ・ヒーラーの未見先生と一緒に「自然な玄米」を霊視しました。**自然な玄米のオーラは、白い光が最も多く、金色の光が次に多く、胚芽の部分は緑色の光であり、さらに胚芽の所に一部、小さく黒いオーラが視えました。**

人間の魂の真ん中の中庸の「神我」は、金色の卵形であり、白と金の光を放っています。「自然な玄米」はそれと同じような色の光を放っているのです。

金色の光を放つ食べものなんてスゴイではありませんか。そして金色は神仏の放つ光の色であり、エゴを超えた宇宙的な愛・真理・命の色です。色や形が似た相似形のものどうしは引きあいます。「自然な玄米」は魂が喜ぶ食べ物であり、神仏の愛に太くつながる食べ物なのです。

★「自然な玄米」は開運力ナンバーワンの食べ物

私は炊いた「自然な玄米」をゆっくり噛んで食べてみました。すると、左右の腎臓の光が強まり、それらの光が背中を上って首の後ろに集まり、そこから光が脳幹（中でも「橋《きょう》」にある「縫線核《ほうせんかく》」の光が顕著になりました）に入り、さらに大脳辺縁系、特に海馬や扁桃体のあるこめかみの奥へと光が広がりました。側頭部が何とも心地よく、安心感も湧いてきました。これはきっとセロトニンが脳内に作られる過程が視えたのでしょう。心地よい音楽を聴いてリラックスすると、脳にアルファ波が出て左右のこめかみが光に満ち、そこに心地よい圧迫感が出てきますが、それと同じ感覚でした。

一方、食べた「自然な玄米」のエネルギー（水穀の精微）は、胃と膵臓で代謝され、肺から出る青い下降エネルギーで腸にも運ばれて、腸も光りました。これは腸内でセロトニンが生成される様子なのでしょうか。腸内のセロトニンは腸の蠕動《ぜんどう》運動を促すなど重要な働きをしているそうです（参考・インターネット百科事典ウィキペディア「セロトニン」）。

第二章の10で、お金の心配やストレスのある人は、こめかみの奥と腸が暗いとお話しました。しかし「自然な玄米」を食べると、逆にこのように腸とこめかみが光り、幸福感をもたらすわけです。現に「自然な玄米」を食べると、豊かさの神様の遣いたちが頭の真上に来てくれます。

さらに、私は食べものに意識を注いでサイキック・モードに入ると、かすかな息の声で〝食べ物の霊的な声〟が聞こえるのですが、（きっと食べ物のオーラの波動が感情として感じられ、言語に変換されるのでしょう）さて、「自然な玄米」の声はというと……

「あなたを愛しています」

「あなたに食べていただけたら幸せです」

こういう愛と感謝の言葉が聞こえるのです。すごいですね。しかも執着の愛ではなく、人類愛や博愛であり、ベタベタした恋愛のような慕情ではありません。そんな「自然な玄米」をいつも食していると、そのオーラや意識が食べた人のオーラに加わり、感謝の気持ちが湧いてきます。

やはり「自然な玄米」は開運力ナンバーワンの食べものと言えましょう。

（注・体には様々な栄養が必要です。食事はバランスよく摂りましょう。また、玄米が体質に合わない方もいますので、そうした方は医師の指示に従ってください）

★おいしく中庸で炊くと「玄米の妖精」が映る

さて、おいしく炊いた「自然の玄米」には「玄米の妖精」がご飯に映り込んでいます。実は「玄米の妖精」は、無農薬・無肥料・天日干しの「自然な玄米」には、袋に入って売られている段階から映り込んでいます。しかし、たとえ低農薬でも農薬が入っていると妖精は視えません。肥料が入っていても視えません。神様が与える完全な安全マークです。そういう玄米を中庸で美味しく炊くと、食べるご飯の段階でも映り

図5　無農薬・無肥料・天日干しの玄米のオーラ

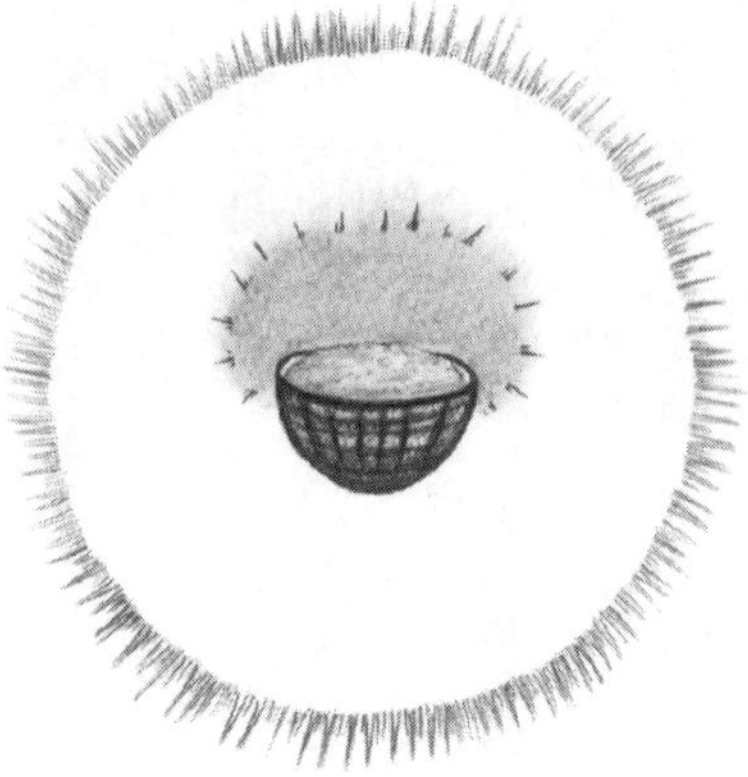

（霊視・イラスト　未見）

込むのです。いわば最終合格のしるしです。彼らは玄米をおいしく炊いてくれると嬉しいそうです（玄米を食べても妖精自体を食べるわけではありませんので、ご安心ください）。

「玄米の妖精」はとても高い神界にいる存在で、お相撲をして遊ぶのが大好きで、明るく元気な妖精です。なるほど日本の国技である相撲は、五穀豊穣を祈り、収穫に感謝する農耕儀礼の神事とされてきたものです。その霊的な起源は神界にあるのかもしれません。そんな玄米は、心が明るく体も元気になれる食べ物です。

★「自然な玄米」のオーラを分析してみた

「自然な玄米」は美しい白と金色の光があり、全体として中庸です。私の神我は中庸の状態で炊いて食べると喜びます。

精白して白米から分離した外側の糠《ぬか》だけを霊視すると、全体に紫がかった赤いオーラであり、この部分は陽です。糠の一部には胚芽の緑色のオーラがあります。その緑色のオーラに隣接して、黒っぽいオーラの部分があります。そこは陰であり、発芽を抑制している物質だと思われます。発芽抑制物質は、玄米が発芽に適した条件に置かれるまで発芽しないようコントロールしている物質であり、玄米をそのまま炊いて食べると、玄米に含まれる発芽抑制物質が体に深刻な負担をかけるといった情報がネット上には数多くあります。

そこで、私の炊き方で玄米の発芽抑制物質らしき黒いオーラの部分が消えるかどうか確認しようと、三つの食品分析機関に分析を依頼しましたが、いずれも検査項目に無いとの理由で検査していただけませんでした。大学などで実験するしかないそうです。私はやむなく次にお話しする方法で時間をかけて「自然な玄米」を浸水させ、黒いオーラを消して炊いていますが、体調不良にはなっていません。

22 私の「自然な玄米」の炊き方

★少しの塩と祈りで浸水するのがポイント

私の「自然の玄米」の炊き方は――

①玄米をザルとボールで軽く水洗いし、もみ殻や虫食いの米、ゴミをよく取り除き、ボールの中に玄米を入れ、ミネラル水に浸します。私は柔らかめが好きで、玄米三合なら七合弱のミネラル水に浸します。玄米二合なら五合弱の水に浸します。

(一合は一八〇CCです)

②**人差し指の先に軽く付くくらいの少量の自然塩を入れ、「食前の祈り」(この後ご紹介します)を一回、胸の神我に意識をおいて捧げ、**低温すぎない冷蔵庫で八時間~十二時間浸水させると黒さが消え、全体のオーラも陽で真っ赤にならず、白と金の中庸の光がよく残ります。(お祈りで加わった金色の光は中庸で、陰であ

る玄米の黒いオーラと、陽である塩のオーラを融合させて、中庸に変えます)
③それを土鍋に入れ、ガスコンロの自然の火で炊きます。(土鍋の穴は楊枝を束ねて塞ぎます。フタの周りから吹いてくるので、フタの周りにぬれ布巾を鉢巻きのように巻きます。引火によく気をつけましょう)
④**最初は強めの弱火**で沸騰するまで炊きます。(常温で浸水させた三合の玄米ならこの間一〇分位、冷蔵庫で浸水させたなら十二分位)
⑤**鍋が吹いたらほたる火(とろ火)にして、**三〇分間炊きます。
⑥火を止め、三〇分間蒸らします。
⑦最後に、おしゃもじで底からひと混ぜしてできあがり。中庸で軽く、明るく、とてもおいしく炊けます。

鍋によって水加減は異なりますので、好みに合わせて美味しく炊けるまで水加減を何度も試して調節してください。

「自然な玄米」に塩を入れないで水に漬け、「食前の祈り」も捧げず、冷蔵庫で十二時間浸水させたところ、玄米の黒いオーラはかなり薄くなりましたが、グレーのオーラとしてまだ二割～三割は残りました。

けっきょく冷蔵庫でまる二日間真水に漬けたら黒いオーラは消えましたが、今度は全体が赤茶色のオーラになっており、発酵と発芽が始まって、せっかくの中庸が消えかけていました。

夏の沖縄では、塩を入れても入れなくても（入れると発酵が早まります）、十二時間も室温で浸水させると活発に発酵と発芽が始まり、黄色やオレンジや赤のモコモコした泡のような発酵のオーラが視え始め、玄米のオーラ全体が陽で赤くなり、白や金色の美しい中庸の光は消えてしまいます。

強く発酵した時のモコモコした赤い泡のようなオーラの「声」は、執着の言葉を発しており、これを常食するのは、魂の浄化を目指す人には適さないでしょう。また、室温で長時間浸水して発酵し始めると、雑菌の繁殖も心配です。

また、加熱する時間が長いと陽が強まります。また、圧力鍋で炊くとモチモチでずっしりと重く、これもまた美味しいものですが、圧力をかけた分は陽が入ることを踏まえておきましょう。いろんな炊き方で時々変化を付けるのもいいですが、魂が本当に浄化されてくると、陽のモチモチのご飯より中庸の軽い食感のご飯がフィットしてくるでしょう。

★食前の祈り

次の言葉は私がサイキックな聴覚で受け取った食前のお祈りの言葉です。玄米を浸水させるときにも唱えています。これを神我で真剣に唱えると金色の光が来て、食べ物についたカルマや、暗いオーラを浄化していただけます。

神の体であるこの食べ物を神に捧《ささ》げます
私の中の神に捧げます
神により　この食べ物は浄《きよ》くなり
私の心と体を浄くします
この食べ物を神に捧げます

唱える方の魂の光の強さ次第で、農産物の生産者や料理人さんのカルマが邪気として付いているのも浄化されます。浄められた食べ物の明るいオーラが神我にスーッと入っていきます。どんな宗教の方も唱えることができます。手を合わせても合わせなくてもよいのですが、合わせた方がパワフルな結果を生みますし、声に出した方が強い作用があります。

「あの人が入れたお茶は、なんだかおいしい」と思ったことはありませんか？　料理もお茶も、魂の大きい人が作ったり入れたりすると、同じように作っても美味しくなります。それは作り手の魂の光が食べ物を自然に浄化し、雑味やカドの取れた深い味に変えるからです。実は、お祈りをしなくても自然にそういうことはある程度起こっているのです。

★玄米食は発芽する生きた玄米で

しかし、ここにやっかいな問題が横たわっています。

これまで縷々《るる》お話してきた玄米の良さは、あくまで「自然な玄米」についてのことでした。ところが、一般的なスーパーで簡単に買えるのは、浸水させても発芽しない玄米が多いのです。そういう玄米は、だいたい機械で日数をかけずに短時間で高温乾燥させているはずで、全体に赤茶色のオーラであり、玄米の黒いオーラの部分が多く、二十四時間真水に浸しても、黒いオーラの部分は完全には消えてくれません。ただし、機械乾燥でも低温で時間をかけて乾燥させていれば、ちゃんと発芽するものもあります。お米の質を考え、あえてそういう方法で機械乾燥させている農家さんもいらっしゃいます。

発芽しない玄米を肉眼で見ると、表面が暗い色で、とてもカサカサ乾燥しており、いかにも瑞々しさがない感じです。霊視では、赤茶色のオーラに視え、陽が強いのです。また、黒いオーラの固まりが大きく視え、玄米の美しい白や金色や緑色のオーラは視えません。

一方、発芽する玄米を肉眼で見ると、表面がとても明るく瑞々しく、しっとりした光沢があります。こんな玄米は昔ながらの天日干しで二週間くらいかけて、手間暇かけて乾燥させていることでしょう。そういう玄米は作る人のこだわりと時間と労力が

「自然な玄米」はすばらしく美味しい

注ぎ込まれた大変貴重なものであり、残念ながらとても生産者が少ないのです。

このような玄米は美しい白や金色や緑色のオーラが多く、充分な時間をかけて浸水させれば、黒いオーラの部分も比較的消えやすいのです。

水に漬けても発芽しない玄米なら、むしろ家庭用精米器で精米して白米で食べた方が、たとえ生命パワーは無くても、黒いオーラの部分を取り込まない点では無難でしょう。

お米はよく生産方法の情報を調べて選び、室温で二日ほど浸水させて発芽テストをしてみましょう。ちなみに、発芽させた玄米も売っており、その良さもあるかもしれませんが、だいたいオーラが赤い陽になっていますから、神我とは共鳴しにくいようです。ずっと食べ続けるのは魂の成長を目指す方には不向きでしょう。

今後は自然な農法が普及してくれて、「自然な玄米」が手軽に買えるようになって欲しいと願っています。しかしもっと言えば、これから多くの人が自ら農に親しみ、自分で納得のいく作り方で良いものを作って食べるようになって、農に対する意識を深めていただきたいところです。

命をつなぐ食べ物が完全に人任せになってしまうと、市場でどんな危険なものが出回ってもわかりませんし、そのツケはやがて私たちが払うことになるでしょう。

沖縄の離島に住む百歳を超えたある元気なおばあちゃんが、テレビのインタビューで長生きの秘訣を訊かれ、「スーパーで買わないで自分で作ったものを食べること。昔はみんなそうだったよ」と答えていましたが、その言葉はとても魂に響きました。

23 光の畑・光の野菜

★光の畑には神様たちがいる

私は沖縄に住むようになってから畑をお借りして、無農薬・無肥料の自然な野菜作りを実践・普及されている方に一から教えを請いながら、昔からの夢だった家庭菜園を始めることができました。本当にそのお陰で、今では都会育ちで何も知らなかった私が、農薬や肥料を使わず、家族総出でいろいろな野菜をどんどん作っています。

東京ではスーパーで買うだけだった野菜ですが、自分で植えて育てていくというのは言葉で言い表せない手応えと幸福感があるのです。また、自然や宇宙から学ぶことが多く、本当に勉強になります。

私に教えてくださる、その方の畑は、農薬と肥料（有機肥料も化学肥料も）を使っておらず、土に棒を突き刺すと下の方までスーッと抵抗なく入っていき、微生物たちの力でとても柔らかな水はけの良い土壌になっていることがわかりました。

それもさることながら、その畑を最初に見せていただいた時、畑全体が光を発しているのでびっくりしました。さらに驚いたのは、その方はご存じないようでしたが、その畑の真ん中に農耕の神様がいらして光を畑に与えている光景や、畑の妖精達がせっせと作物を育んでいる光景が霊視で視えたことでした。

でも、決して全ての畑にそうした農耕の神様が視えるわけではありません。むしろ非常に珍しい光景です。魂の光が大きく、サムシング・グレートや神仏を大切にする利他的な人が自然な農法で栽培すると、〝光の畑〟になり、〝光の野菜〟ができるのです。

私は、休みの日に車で自分の畑に行く時、畑の神々にオレンジ・ジュースや、ちょっとしたお菓子をご供物として持って行き、作業のはじめに家族とともに感謝の祈りを捧げます。「あ、自分、今ミレーの絵の農夫みたい」と思ったりします（笑）。

でも、そうすると小さなご供物なのにパーッと増えて全ての神々に行き渡り、とても喜んでいただけます。きっと古代の宗教は、農耕の現場での神々とのこうした素朴な交流から始まったのでしょう。それは全く想像に難くありません。実際、日本各地に「田の神」や「野神」といった稲作を守護する神様の信仰があるそうです（『日本神さま事典』三橋健・白山芳太郎編著　大法輪閣　一〇六頁参照）。

★〝光の野菜〟を食べた日はケンカをしない

そうした〝光の畑〟で採れた〝光の野菜〟は、やはり非常に強い光を発しており、食べると腎に光が入り、それが全身のオーラに広がって体がホワーっと温かくなります。

私の畑も〝光の野菜〟が採れるようになってきましたが、何度かたくさん採れた時に、関東の人にお送りして食べていただいたところ、その方はいつも家族ゲンカが絶えないのに、私の畑で採れた野菜を食べた日だけはケンカにならないと大変驚いていらっしゃいました（笑）。人の感情は、実はオーラに取り込んだ食べ物のオーラの波動が大きく影響しています。波動が低く、暗いオーラの物を食べていると、心がすさんできます。やはり、波動の高い清らかな物を食べると心にも良い影響を与えるのです。

24　魂がヘコむ食べ物、喜ぶ食べ物

★食べ物の〝オーラを取り入れる〟という発想

目に見えない波動エネルギーであるオーラは、人の体だけでなく、全ての物質の周りや中にもあります。ですから、食べ物にも全てオーラがあります。私たちが何かを食べる時、食べ物のオーラが自分のオーラに取り込まれています。それが魂の光の大きさや、チャクラや経絡やツボにとても影響しているのです。

ビタミンや脂肪やタンパク質やミネラルといった、測定できる物質だけでなく、見えない波動エネルギーとしてのオーラの質も、心身の健康にとって重要です。

農産物に関して言えば、一見鮮やかで発育が良く、見栄えのする野菜であっても、オーラはとても波動が低くて暗い場合がよくあります。反対に、色はパッとしないし、小さくて貧弱でも、オーラは見事に光っていて明るいという野菜もあるのです。私な

ら多少高くても迷わず後者を選びます。

一般に、明るく波動の高い健康的なオーラの食べ物は、新鮮なもの、高温や低温で長時間処理していないもの、人工的な栽培方法を経ていないもの、人工的な過熱方法を使っていないもの、不自然な添加物や化学物質を含まないもの、精白していないもの、愛に満ちた農家さんが自然環境を傷つけないで栽培したもの、様々な環境汚染の少ない土地で作った農産物、などです。

店頭に並んでいる生鮮食品を前にして目を閉じ、手をかざすと掌がビリビリ感じたり、買おうと思うとハート・チャクラが閉じて胸が重くなるとしたら、それは暗いオーラをしています。魂が磨けてくるとだんだん感じやすくなります。良いものを選ぶ〝心の眼〟を鍛えましょう。そのためにもぜひ「やってみよう！」のワークを行ってみてください。

★コーヒーはハート・チャクラが閉じる

嗜好品にも注意したいものです。たとえばカフェインを含むコーヒーですが、コーヒーは焦げ茶色のオーラで、陰が強く、飲むと腎臓や「腎経」という経絡に邪気が回り、多く飲むと男性は左足、女性は右足の裏の「湧泉」というツボに溜まり、足の裏が痛くなります。体も冷えます。また、コーヒーを飲むと男性は左腰の「腎兪《じんゆ》」、女性は右腰の「腎兪《じんゆ》」のツボに邪気が溜まり、腰が痛くなります。

さらに、コーヒーを飲むとハート・チャクラが閉じ、神我が嫌がりますので、神我の声はわからなくなります。飲むとすぐに脳幹の「橋《きょう》」にある「青斑核《せいはんかく》」あたりが暗くなり、そこから脳内の大脳辺縁系や扁桃体や海馬のあたりに暗さが広がります。私はややドキドキして不安感が強くなります。特に妊婦さんはコーヒーを避けましょう。

コーヒーの木の由来を霊視すると、愛なる宇宙の創造主の本体からは生まれておらず、創造主から生まれ出た「陰の神様」から生まれています。コーヒーを飲むとやる気が出るという人もいますが、コーヒーの強い陰が取り込まれると、かなりの部分がバランスを取るため強い陽に変わるためでしょう。陽は興奮を促す活動的なエネルギーですが、陰と陽は自我意識の主役であり、中庸の愛や平安は消えていきます。

ただ、カフェインレスのコーヒーはまだ大分ましで、普通のコーヒーのような焦げ茶色のオーラではなく、黄土色のオーラです。ハート・チャクラも完全に閉じません。甘味料も、陰性の強い精白した白砂糖より、ココナッツ・シュガーやきび砂糖、てんさい糖、黒砂糖など、精白度の低いものが中庸に近くお勧めです。

★酒好きの人のオーラ

お酒を年中飲んでいる人のオーラは、頭の上やみぞおちのチャクラが黒く汚れており、そのチャクラでエネルギー交換している「理性体」と私が呼ぶオーラ層も、本来は美しい黄色のはずが灰色に汚れています。

私がこのオーラ層を「理性体」と呼ぶのは、それが理性を司る働きをしているからです。正常な人の「理性体」には、クッキリした細い光の縦縞が何本も視えますが、お酒を日常的に飲んでいる人は、スイカの皮の模様のように線の幅が広く、ぼやけた線になっています。酒乱の人になると、線が全く消えており、理性の力が弱く感情に振り回されて心が不安定なのです。そういう人はお酒に酔っていない時でも感情をコントロールする力が基本的に弱くなっているのです。覚醒剤を使用している人の「理性体」は、さらに完璧にこの線が消えており、のっぺらぼうみたいです。また、お酒を日常飲んでいる人は、酒好きの黒い魔物も憑いています。これを追い出すのは容易ではありません。

ちなみに禁酒のヒーリングでは、お酒を飲まないことを決意していただき、ご一緒に祈って創造主の光を大量に導いて、「理性体」とチャクラを浄化し、魔物を出します。するとクッキリした光の縦縞が復活し、お酒を飲む気が起こらなくなります。お酒と縁を切るには、神我で固く決意し、サムシング・グレートや神仏に祈ることが大切です。その光が飲みたい欲望を浄化してくれるからです。私はこれまで多くの方の禁酒・禁煙を成功させてきました。

★魂が喜ぶお茶

私が今回ご紹介したい嗜好品は「モリンガ茶」です。カフェインが入っておらず、栄養豊富な奇跡のお茶として注目を集めています。強く金色の光を放っていて、魂が喜ぶのです！　この不思議なモリンガの木のオーラ的な由来を霊視すると、モリンガの木は、創造主の脳の真ん中から生まれ出ているのです。これを飲んでいると、落ち着いて、平安な気持ちになります。

また、「杜仲茶」も中庸で、やはり金色の光を放っています。これも創造主の脳の中心付近から生まれ出ている、魂の喜ぶお茶です。カフェインも入っていません。ただし、いずれも妊婦さんには向かないとの説もあるようです。

また、「タンポポ・コーヒー」もマイルドな飲みもので、緑色のオーラをしています。普通のコーヒーのようにチャクラが閉じたりもしません。流行のカフェにも必ずタンポポ・コーヒーが常備されている状況に早くなって欲しいものです。

ただし、何でもそうですが、原産国や栽培方法などの品質によって、味もオーラも全然違います。あまり安いものは、何か大事なことを犠牲にしていないか気をつける必要があるでしょう。

25 食べ物の陰・陽・中庸と食べ物の声

陰の食品　陰は拡散するエネルギーで、陰の食品は重心が左に寄っています。にがいもの、酸っぱいもの、甘いもの、夏に生えるもの、南で生えるもの、皮は厚く、形は大きい。精白した穀物、お酢などです。食べると冷えます。

また、陰性の食品のオーラに心の耳を澄ますと、「**あなたには食べられたくない**」というような拒絶の声が、息の声のように静かに脳内に聞こえます。陰性食品を多食すると、ネガティブで不活発なウツっぽい感情が優勢になります。

陽の食品　陽は収縮するエネルギーで、陽の食品はオーラの重心が右に寄っています。発酵したもの、火や圧力を強く長く加えたもの、塩、塩辛いもの、味噌、醤油、肉類などです。食べると暖まります。

陽性食品からは、「**あなたは私のもの**」という欲望と執着の声が聞こえます。陽性食品を多食すると、心の活発性が増しますが、欲望と執着が強くなるのです。

中庸の食品　中庸の食品の重心は真ん中で安定しています。中庸は味が優しく、うすく、ほんのりと甘いものが多いです。たとえば丸いトマトは一般に陰ですが、シシリアン・ルージュ・トマトのように創造主の放つ金色の卵型の光と相似形である卵形や楕円形のものは中庸のものが多いです。皮は薄く、そのまま食べられるものが多いのです。

中庸度の高い食品は、玄米、大豆、そば粉（全粒粉）、小麦粉（全粒粉）、全粒粉スパゲッティ、マノーミン（ワイルドライス）、ごま（生）、あずき、うずら豆、ひよこ豆、金時豆、オクラ、にんじん、カボチャ、キャベツ、ズッキーニ、サンチュ、パプリカ、おかひじき、ターサイ、広東白菜（カントンパクチョイ）、ラディッシュ、かぶ、さやえんどう、松の実、さくらんぼ、いちご、リンゴ、ブルーベリー、ぶどう、プラム、亜麻仁油《あまにゆ》、グレープシードオイル、太白ごま油、モリンガ茶、甜茶《てんちゃ》、大紅袍《だいこうほう》（岩《がん》茶《ちゃ》）、水金亀《すいきんき》（岩茶《がんちゃ》）などです。

中庸の食品は**「食べていただけたら嬉しいです」**という愛と感謝の声を発しています。

魂の光は愛・感謝・平安・理性など人間の崇高な性質の源であり、この光は中庸の波動です。中庸の食品を多く摂り、極端な陰と陽の食べ物を少なくすると、心が平安になり、神我で生きることをサポートしてくれます。

一般に味が濃いものは、陰や陽の性質が強いです。濃い味の食事を続けていると、好き嫌いの激しい協調性の無い人になりやすいのです。

サイキック・モードに入って、ある人がこの一年間に食べてきた物のエネルギーを感じ取ると、濃い味の食べ物や肉・魚の多い人は、やはりオーラに強い陰と陽が取り込まれており、自我意識が多いことがわかります。

平安な人生や魂の霊的な成長を願う人にとっては、菜食で中庸の多い薄味の食事が適しているのです。

第四章

陰・陽・中庸——三つの宇宙のシナリオ

26 宇宙には三つの力が働いている

今、食べ物の陰・陽・中庸のお話が出てきましたが、第四章では、この三つの宇宙を貫く力についてお話ししましょう。

私の霊視では、物質の宇宙を裏から支えつつ物質の宇宙を生み出している大きな大きな〝霊的な宇宙〟というものが感じられます。それを私は「根源世界」と呼んでいます。

ある日私は、宇宙を創り出している神様はどんな方だろうと思い、霊視してみたところ、根源世界の真ん中でお座りになっている巨大なお姿が感じられ、非常に驚きました。神様は、究極の高い次元では何のお姿も無いのですが、もっと下の具体的な次元では、人のようなお姿があるように私には視えました。

私にはその巨大な宇宙の創造主の頭の右側から、この物質の宇宙という時空が伸び続けているように視えます。気の遠くなるような話ですが、創造主は宇宙よりずっと大きいのでしょう。もしかすると、この宇宙は神様の脳内ファンタジーみたいなもので、私たちもその登場人物なのかもしれません。そして宇宙の全ては神様が自らの愛を具体的に体験するための壮大な遊戯なのかもしれません。

ここで一つお断りしておきますと、私自身も自分に視えている世界が果たして客観的な真実なのかはわかりませんし、それは証明のできないことです。ピンと来る人、全くピンと来ない人……。受け止め方は人により様々でしょうし、それでいいと思います。ただ、霊界がそうなっていると考えると、いろいろ合点のいくことが多いため、視えるところをそのままお話しししている次第です。

さて、「根源世界」の中心には、宇宙の創造主がいらして、その頭から「中庸（＝愛・調和）のシナリオ」が紡ぎ出されているように私には視えます。

そして、宇宙の創造主から生まれ出た「陽の神様」からは、「陽（＝欲望・集める力）のシナリオ（あるいは時空）」が紡ぎ出されています。

図6　宇宙の3つのシナリオ

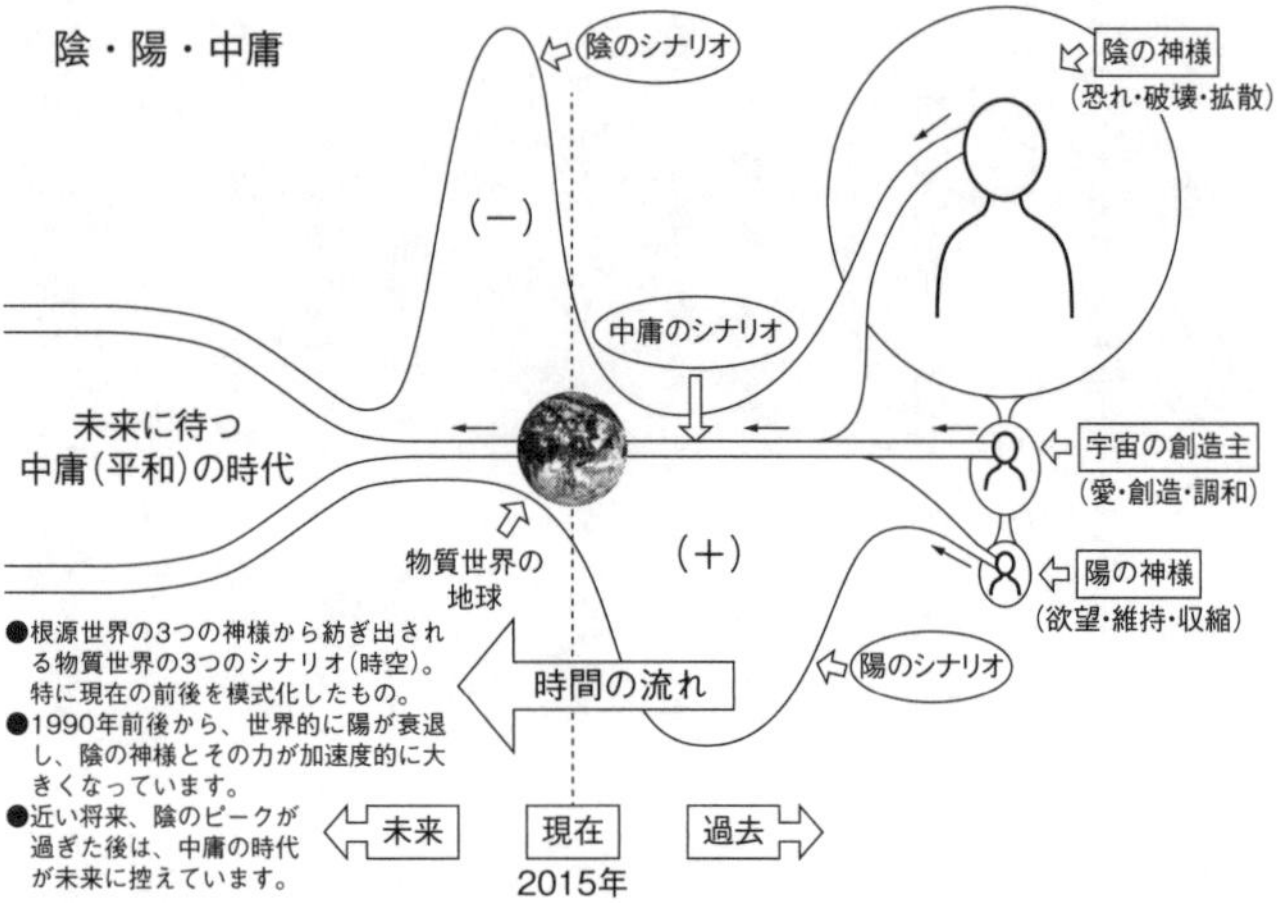

●根源世界の3つの神様から紡ぎ出される物質世界の3つのシナリオ(時空)。特に現在の前後を模式化したもの。
●1990年前後から、世界的に陽が衰退し、陰の神様とその力が加速度的に大きくなっています。
●近い将来、陰のピークが過ぎた後は、中庸の時代が未来に控えています。

同じく宇宙の創造主から生まれ出た「陰の神様」からは、「陰（＝恐れ・拡散する力）のシナリオ」が紡ぎ出されています。

「古事記」では、天地創造の神々として、天上世界の高天原《たかまのはら》に天之御《あめのみ》中主神《なかぬしのかみ》、高御産巣日神《たかみむすびのかみ》、神産巣日《かみむすび》神《かみ》が現れたとされますし、インドの神話でも創造神ブラフマン、破壊の神シヴァ、維持の神ヴィシュヌという三神が想定されています。

神話も宇宙の全ては三つの神様の発するエネルギーが作っていることを示唆しているのです。

★苦あれば楽あり、楽あれば苦あり

たとえば、地上でお金や名声をどん欲に追求している人は、陽の神様が生み出す「陽（欲望）のシナリオ」を歩んでいますし、また、貧困や病気や悲惨な戦争などを経験して苦しんでいる人は、陰の神様が生み出す「陰（恐れ）のシナリオ」を歩んでいます。

誰でもつらい陰の時期の後には楽しい陽の時期が来ます。基本的には陰の時期が長く強ければ、次にやって来る陽も強く長くなります。そして陽の後には陰が来ます。その繰り返しです。これに対し、中庸は陰でも陽でもなく安定していて、平和な時期です。

27　中庸のシナリオを選ぶと奇跡が起きる

目には見えませんが、私たち地上の人間の胸には卵型の神我（＝愛・中庸）があり、その右か左（男女で違います）の横に、球体の陽我（＝欲望・維持・集める力）の固まりがあります。その反対側の横には、やはり球体の陰我（＝恐れ・破壊・拡散させる力）のエネルギーの固まりがあります。それらが魂の外側の層である自我意識のもとです。序章に

出てきた図2をもう一度ご参照ください。

この自我意識を浄化して、全てを神我とその大本である宇宙の創造主（＝神様）に委ねて生きれば、陰のシナリオや陽のシナリオに同調しなくなり、平安な中庸のシナリオを歩むことが出来ます。


困った状況におかれていても、感情よりもっと深い部分にある神我や創造主に委ねると、中庸のシナリオにスイッチ出来て良い結果に変わるのです。それはちょうど、ラジオのチューニングを変えて違う周波数の放送を受信するようなものです。私のヒーリングにおいても、驚くような良い成果が出る場合は全て中庸のシナリオの中で起こっているのです。

以前こんなことがありました。膝が痛い痛いと言いながらご来院されたご年配のクライアントの方に施術ベッドに横になっていただき、「まあそう心配しないで神様に委ねてみましょう」とお話ししながら、数十分間外気功的なオーラの浄化ヒーリングをさせていただいた時、私は、「あ、今この人の陰のシナリオが中庸のシナリオに変わった」とわかった瞬間がありました。何となくその方の周りの空気感が一瞬で変わったのです。案の定、その直後にクライアントさんにベッドから降りていただいたところ、「あ、痛くない！　先生、不思議です！」と、目を丸くされながら何度も足を動かして確かめていらっしゃいました。私も驚きました（笑）。

正直、常にこんな風にうまくいくわけではないのですが、今お話しした例は本当にあったケースです。

大変苦しい陰のシナリオにいる人が中庸のシナリオに切り替わるためには、深刻に思い詰めたりヘコんだりしないで、宇宙の創造主に心でつながり、感情よりもっと深い部分にある静かな神我の意識で、状況を冷静に受けとめることが大事です。居直るわけではありませんが、少なくとも恐れではなくなります。すると陰のシナリオから脱却しやすくなるのです。どのシナリオを受信するか、そのチューニング・ダイヤルは私たちの意識なのです。

28 魂は男が陰で女が陽

陽は暖め、収縮するエネルギーです。感情なら好き・執着・楽しい、欲望、もっともっと！　と引き寄せ、求める感情です。活発に動き、物事を促進させ、集まり、固く凝固する性質があります。色なら暖色系、季節なら夏です。

性別なら**陽は、実は女性です**。東洋医学の常識では男性が陽とされています。しかし、それは魂の容れ物である男性の**肉体が**固い陽であるにすぎず、**それに宿る魂は、男性は陰**なのです。女性は肉体こそ柔らかい陰ですが、**そこに宿る魂は陽**なのです。

霊視で視える女性の魂の中を巡るクオークの回転パターンは「陽の神様」と同じです。

アメリカの女性歌手シンディ・ローパーさんは八〇年代に大ヒット曲〝GIRLS JUST WANT TO HAVE FUN〟を歌い、世界の共感を呼びました。女の子たちは楽しみたいの——なるほど女性は楽しいことが大好きで積極的です。好きなものや美しいものを追い求め、人気スターも大ヒット商品も決まって女性たちの熱い支持が大ブレークさせるものです。

女性は何かを大切に維持し、育むことに長けており、目の前の物事に意識を集中させ、きめ細やかな対応ができます。また、グループを作って一緒に行動する傾向が強いのも女性ではないでしょうか。これらは陽の性質です。

これに対し、陰は冷やし、拡散するエネルギーです。恐れ、批判、阻止する力、既存のものを打ち砕く力、色なら冷色、季節なら冬です。

性別なら**陰は実は男性**で、男性の魂は陰なのです。男性の魂のクオークの運動の軌道パターンは私の視るところ「陰の神様」と同じです。一般に男性の方が口数が少なく寡黙です。着る物もシンプルで、美しさより実用性重視です。

常に先のことや外界に意識が向かいやすく、何かあっても対処できるように全体を見渡す傾向があります。動物であれば、オスは常に外敵や獲物に意識を向け、外へ出て行きますし、あちこちに子孫を残そうとする習性があります。人間も男性は単独で行動する性質が強いのではないでしょうか。これらは皆、陰の性質です。

ただし、男性にも陽の性質はありますし、女性にも陰の性質はあります。男性の肉体でも陽に近い内面を持つ方は数多くいますし、女性の肉体でも陰に近い内面を持つ方もたくさんいます。ですから、今お話しした男女の違いは大づかみな傾向に過ぎず、実際はいろいろな人が大勢います。全ての人が人間として最大限に尊重されなければなりません。

29 浮き沈みを無くす中庸（愛・感謝）の力

中庸は、陰・陽どちらかに片寄ることなく安定しており、陰と陽を生み出す創造のエネルギーです。私の観察では、陰と陽はそれだけでは反発しあいますが、**中庸の下**ではバランスが取れてまとまります。また、中庸は**陰と陽を融合させて中庸に変える**ことも出来るのです。**中庸は陰と陽を生んだ親**だからではないでしょうか。

そして中庸には、体の健康・心の平安・家庭の平和・世界の平和といった全ての望ましい状態へのカギがあると思うのです。

ある日私は休暇を取って、沖縄のエメラルドグリーンの美しい海と白い砂のビーチへ行きました。そこで楽しい時間を過ごし、すっかり心は陽になってしまいました。日差しも真夏で、強い陽です。しかし途中でそれに気がついて、私は「この休暇への感謝を神に捧げます」と祈りました。

きれいな海から帰る際、もし小さな子供なら「帰るのイヤだ！」と泣き叫んだでしょう。大人だって、「ああ、明日からはまた仕事か……」と、心がブルーになるところです。陽の後には必ず陰が来るものです。

しかし、私はこの時はなぜか、明日からの忙しい仕事の日々を思い浮かべても、ちっとも暗い気持ちになりませんでした。むしろ美しい自然に癒やされたことがありがたいという気持ちで一杯でした。

この時の自分のオーラを霊視すると、楽しさの陽と日頃のハードな仕事の陰が、神我の中庸のエネルギーによって融合され、いっそう大きな中庸（感謝）になっていたことがわかりました。

一方、私の隣で日光浴をしていた若いカップルは神我の光が弱く、楽しさ（陰）と落ち込み（陽）がハッキリ分離している人たちでした。おそらく彼らはハイな時とブルーな時の振れ幅が大きく、美しいビーチから家路につく時、明日からの仕事を思うとさぞや暗い気持ちだったでしょう。

それを選ぶかどうかは人の自由ですが、このように、心に神様への感謝という中庸のエネルギーがあれば、浮き沈みの無い安定した毎日を過ごすことができるのです。

★〝好きなもの断ち〟による願掛けのひみつ

何か願い事がある時、好物を断って達成を心に誓う人がいますが、あれは非常に合理性があります。楽しみ事という陽がオーラにあると、不運という陰（苦痛）を連れて来るからです。陽を減らすとバランスを取る陰も消えて失敗しにくくなります。体調不良を治したい場合も、ハマッているものを手放すと良いのです。

まして楽しみ事を絶って神仏（＝中庸）に捧げるなら陽のエネルギーが中庸のシナリオに変換され、正しき願いの達成や病気平癒という好結果を得やすいのです。

30　支配者（陽）と被支配者（陰）を融和させる愛（中庸）

世間には、〝支配する人と支配される人〟という関係が、家庭から国際社会までいたるところに見られます。

今日本では人口の一握りの富裕層が、日本のお金の大半を手にしているとも言われます。アメリカでは日本よりもっと少数の人が大半のお金を持っているそうです。これは一部の富裕層という「陽」（欲望・楽しさ）と、持たざる多数の一般人という「陰」（心配・苦痛）の間で、不健全なバランスが取れて安定してしまっているのです。

しかも、中庸（愛・良心）というエネルギーが介在していない社会ほど、少数の陽と大多数の陰でバランスが取れてしまいます。一部の支配層が多くの国民を支配して苦しめる構図は、政治形態を問わず世界の国々で見られます。

では、家庭内ではどうでしょう？

〝鬼嫁〟という言葉がありますが、私のイメージとしては、一切家事をやらず、子供の面倒も見ないで家でゴロゴロ遊んでおり、そのくせ夫には激しく文句ばかり言って辛く当たっているような人です。

夫はといえば、全く奥さんに頭が上がらず、ただひたすら言いなりになって家事をこなし、会社でお勤めをして、給料を家に運んで来るだけ……。こうした家庭が世間にはたくさんあるようです（そんな家庭を描いたギャグ漫画が昔ありましたが）。

傍から見れば、そんなひどい奥さんなら離婚すればいいではないかとも思えますが、それがそう簡単にはいかないのです。なぜなら鬼嫁は「陽」で、ダメな夫は「陰」です。両者はバランスが取れて安定しており、この関係はなかなか動かせないからです。

鬼嫁がダメな夫に依存しているのは誰でもわかります。でもダメな夫も鬼嫁がいないとダメで、やはり依存しています。尻に敷かれるのは辛いけれど、別れる気概は全く無いといったところです。もちろん反対に夫が暴君で、妻が支配されるという夫婦も非常に多いものです。このように、依存関係は陰と陽の均衡が取れていることが本質にあるわけです。

しかし、支配者と被支配者の対立が極限まで強まると、しばしば被支配者が支配者を倒す逆転現象が起こります。陰が極まって陽になる瞬間です。国で言えば革命です。家庭内でも逆ギレによる逆転現象のケースがあります。このように、陰と陽ばかりの関係なら永久にシーソーゲームが続くでしょう。

この不健全な相互依存から脱出するには、第五章の36でお話しする「和解の3（スリー）ステップ瞑想」を参考にしていただき、欲望（陽）や恐れ（陰）による悪い安定状態の関係を、神我どうしの関係（中庸どうしの関係）に変えていきましょう。

ポイントは、**陰と陽の間に中庸（深い神我の愛）が入って来ると、陰と陽はそれ以後助け合い、補い合うことができる、**というコンセプトです。陰と陽は中庸の力で中庸に変化したり、中庸を中心として補完し合いながら、良い形でまとまっていくことができるからです。

それにはまず、渦巻く感情を超越した、自分の最も深い静かな神我（中庸）の意識に立つことです。そうすると初めて相手の神我と向かい合うことができて、通じ合うことが出来ます。家庭でも会社でも国際社会でも、中庸（神我の愛）のあるところには、そのぶん調和があります。

31 「怒り」は「苦」と「楽」がお友だち

★人は陰陽のパターンに影響されている

誰かとけんかをして激しく怒った後、うっかり転んだり、思わぬ怪我をしたりして、「ああバチが当たった」と思ったことはありませんか？　私は多々あります（笑）。

では、もう少し思い出してみましょう。その後ムシャクシャしてやけ食いしたくなり、外食でアレもコレも注文し、いつもは食べない量をお腹パンパカリンになるまで食べてしまったことはありませんか？　あるいはストレス解消よろしく、服を一気に買いこんでしまったり、パチンコでお金を使い込んだり、パーッと飲みに行ったりした経験がありませんか？

私はヒーリング・セッションで、思わぬ怪我をしたり急病になったりした方がどういう経緯でそうなったかという一連の流れもよく伺うようにしてきたのですが、その中である法則を発見したのです。それは……

怒り（陰陽）の前後には苦しいこと（陰）と、楽しいこと（陽）が伴う

という法則です。苦しいことが「陰」で、楽しいことが「陽」というのはイメージ的にすぐおわかりいただけると思います。でも、怒りが「陰陽」というのはわかりにくいですよね。実は怒りという感情は、恐れという「陰」のエネルギーが四割と、執着という「陽」のエネルギーが六割を占めていて、それらが組み合わさってできている感情なのです。大ざっぱに言えば陰と陽が半々です。

たとえば、約束を破られて怒ったとします。誰でも自分を大事に思って欲しいという思いがありますが、これは願わしい状態を引き寄せる感情エネルギーであり、〝私のもの〟という引き寄せのエネルギーである「陽」です。

しかし、実際には大事にされなかったという現実に直面して心がヘコんだわけです。

これは嫌なこと・恐れていることを遠ざけたい感情ですから、手放すエネルギーである「陰」です。こうあって欲しいのに（＝陽）、真逆の現実があるという場合に（＝陰）陰と陽が拮抗して〝怒り〟になるわけです。それをここでは「陰陽」と表します。そういうわけで、冒頭の〝怒った後に、ドジを踏んで心がヘコみ、その後ストレスを解消した〟というケースは、陰陽→陰→陽のパターンになるわけです。

ちなみに、もし構成比率が逆転し、陰が六割で陽が四割なら、その感情は〝悔しさ〟になります。これも大ざっぱに見れば陰と陽が半々の感情です。こうした好き嫌いから成る感情エネルギーは、「感情体」というオーラの体に分布・蓄積しています。

他のパターンもあります。

ある日親とケンカして怒りを覚え（＝陰陽）、その後だんだん過食や衝動買いなどの執着行動がエスカレートしていき（＝陽）、その結果、金欠病と体重の増加で心がヘコんだ（＝陰）という陰陽→陽→陰のパターン。

あるいは、楽しい旅行に行ったところ（＝陽）、楽しかったその反動で、旅先で急に腹痛に見舞われ（＝陰）、帰ってきたら今度はムシャクシャして友達に電話で八つ当たりした、という陽→陰→陰陽のパターンもあります。

アメリカのオバマ前大統領は、大統領選挙に当選（＝陽）する直前に、愛する祖母を亡くされ（＝陰）、就任後は議会との強いあつれきに苦しみました（＝陰陽）。

これも陰→陽→陰陽です。

オリンピック選手も、よく優勝する直前にご家族が亡くなり（＝陰）、その深い悲しみを乗り越えてメダルを獲得した（＝陽）という感動のストーリーを耳にします。その後のことは知りませんが、きっと悔しいこと（＝陰陽）もあったのではないでしょうか。

私は魂の中のライフ・レコードに陰と陽のジグザグの線を霊視して、未来に辛いことが控えている人に大難を小難に変えられるようアドバイスをしてきたのです。

★恐れは怒りの父、執着は怒りの母

さて、話を戻しましょう。ヒーラーの私が多く立ち会ってきたのは、人々のけがや体調不良という（陰）の場面ですが、その直前に何があったかを伺うと、かなり高い確率で返ってくるのは「ケンカをしました」という答えなのです。

ケンカをしないことは本当に大事です。もしケンカをしなければ、体調不良や不慮の怪我などの落ち込むこと（陰）はかなり減らすことができます。行動に出さず心の中で強く怒りを抱いたり、イライラしたりすることも同じですので気をつけましょう。

しかしケンカもしない、イライラもしないというのは、このストレス社会ではなかなか難しいことです。怒りを浄化する「和解の3ステップ瞑想」については、第五章の36で扱いますが、ケンカをしないためには、そもそもその前駆物質である「恐れ・心配」（陰）と「貪欲・執着」（陽）を心の中から浄化してコツコツ減らすことが必要不可欠なのです。

お金の心配（陰）を浄化する方法は第二章の10で、苦手意識（陰）を浄化する方法は第二章の12でお話ししたことを参考にしてください。執着を減らす方法は第二章の13でお話しました。これらに手を付けないまま怒りだけ消そうとしても、なかなか難しいことでしょう。恐れは怒りの父であり、執着は怒りの母ですから……。

第五章

家族の和から人類の和へ

32

結婚相手とつながっている小指のひも

★「結婚コード」には将来の結婚の全てが表れる

〝将来結婚する運命の相手とは小指と小指が赤い糸で結ばれている〟というロマンチックな伝説があります。ところが、私がオーラを感じ取れるようになって驚いたことの一つなのですが、その言い伝えはどうやら本当なのです。

私の霊視では、将来結婚する女性の右手の小指と男性の左手の小指は、本当にオーラのひもでつながっています。しかし実際にはこのひもは伝説の言う〝糸〟といった感じの細いものではなくて、綿菓子みたいにふわっとした太いエネルギーのひもです。色にしても、赤に限られたものではなく、緑色や金色や黒などいろいろな色のコードがあります。これを仮に「結婚コード」と呼ぶことにしましょう。

この「結婚コード」から将来の結婚に関するいろいろなことが読み取れます。

将来誰かと結婚し、その人と離婚して別の人と再婚するシナリオになっている人の場合、「結婚コード」は、ある所で節のような団子状の固まりになっていて、そこから先は違う色のコードになっています。実はコードの色には、将来結婚する相手の性質や運命も表れているのです。

たとえば、一郎さんと花子さんが「結婚コード」で結ばれているとします。もし一郎さんが非常にスピリチュアルで利他的な人なら、花子さんの右手の小指からは一郎さんの性質を表す金色のコードが伸びています。一方、花子さんがもし情熱的な人なら、一郎さんの左手の小指からは、そんな花子さんの性質を表す赤いコードが伸びているでしょう。

つまり、一郎さんと花子さんをつなぐ「結婚コード」は一色ではなく、コードの真ん中を境に二つの色から成っているわけです。

将来良い相手と結婚するシナリオになっている人は、明るくきれいな色のコードが小指から伸びていますし、自我意識の強い相手と結婚するシナリオになっているなら、暗い色のコードが伸びています。

結婚がいつ頃かというのも、「結婚コード」が長いならまだまだずっと出会える日が遠く、短いならすぐに出会えるといったコードの長さに表れています。また、あるところから二股に分かれている場合もあります。これの意味するところは皆様のご想像の通りで、将来浮気をするシナリオがあるということです。

★「結婚コード」は思いと行いで刻々変化する

しかしたとえば、ある女性の小指の「結婚コード」が明るく短く、神我の選んだ本当の良いお相手ともうすぐ出会えることが表れていたとします。ところが、もしその女性がエゴの思いに駆られてハートの声に反するブラック企業に転職したり、怪しげな投資セミナーにハマったり、下心満載の男性の誘いに乗ってデートするなどして光の道から外れてしまうと、嗚呼《ああ》！　あの素晴らしい「結婚コード」が、たちどころに消えて真っ黒い別のコードに変わってしまうのです……。

これは結婚に限らず仕事にも同じことが言えますが、良い出会いというものは、日々の正しい選択を積み重ねてこそ、その延長線上に計画されているものです。逆に言えば、日々の思いと行いが正しければ、別に心配しなくてもちゃんと良い相手に出会えるようになっているのです。

33 結婚のスピリチュアルな意義

★結婚でエゴ的関係を愛に変え、夫婦で社会の礎となる

夫婦というものは、過去生で何度も一緒になっており、きのう今日知り合った魂どうしではありません。私たちの魂がまだ人間という進化した神様の似姿に宿る前は、動物や魚に宿っていたようです。それはどの人の魂のライフ・レコードにも刻まれていますから、おそらく間違いありません。そして、動物時代まで遡って霊視しても、ほとんどの夫婦は既にその頃から一緒に過ごしていたことがわかります。

ただし、動物時代の関係は夫婦だったとは限りません。天敵同士だったケースも多々あります。そういう場合は人間同士の夫婦になった今も仲が悪いはずです。動物時代に敵同士だった相手と怒りや憎しみの自我意識によって固く結ばれているため、

転生するたびに出会っては引き合うのです。

しかし、憎しみだけで結ばれているものではなく、執着の感情でも結ばれていますから、初めて出会った時はとても懐かしく慕わしい気持ちが湧き、「ああ、この人が運命の相手だ」と感じます。しかし、いざ一緒になってみると、過去生の激しい怒りや憎しみが浮上してくるのです。「こんなはずじゃなかった」と後悔して別れてしまう人もいますし、それでも頑張って関係を続けていく人もいます。

何度も転生しては同じ魂と結婚して、動物時代からの悪感情（陰陽）を浄化しつつ、何万年という気の遠くなるような歳月をかけて二人の関係をだんだん愛（中庸）へと変容させていき、お互いの魂が幸福をシェアしながら成長することが、結婚という営みの一つの霊的な意義だと思います。

陰の魂である男と陽の魂である女が結婚で一緒になる時、そこに中庸（神我の愛）というエネルギーが介在すれば、陰と陽は反発せずに助け合い、全体が一つの中庸となって安定し、社会を支えていく大きな力となります。

万物を作る原子の中の原子核は、中性子と陽子がくっついて出来ていますが、私の霊視では、女性の魂はクオークのパターンが「陽子」に似ており、男性の魂は「中性子」に似ています。ですから夫婦という単位は、「原子核」と相似関係にあるのです。「原子核」は万物の元。夫婦も社会の元と言えるでしょう。

ちなみに、先ほど夫婦は何度も過去生で一緒だったとお話ししましたが、過去生では親子だったケースも非常に多くあります。もしあなたの夫が過去生で父親だったことがあるなら、夫はあなたより目上という意識を持っており、あなたを教えたり指図したりと父親的な意識や振る舞いが多いでしょう。

逆に過去生では夫婦だったのに、今生では親子になっているケースも多々あります。たとえば父と娘が過去生では夫婦だったという場合、よく今生では母と娘が父を奪い合うライバル関係になったりします。

★少子化の本当の原因は愛無き家庭の増加？

話を元に戻しましょう。過去生の動物同士のエゴ的な関係を人間的な神我同士の関係に変えていくどころか、今日、逆に結婚でいっそう対立を深めてしまう人々が多くいます。それは結婚を自分のエゴの欲求を満たす手段と捉えるきわめて利己的な結婚観が人々の根底にあって、無限の愛である魂について知らないからです。

そしてその原因は、見える物ばかり重視する科学が発達し、お金の獲得が至上命令となり、宗教や道徳といった見えないものを重んずる価値観が全く死に絶えてしまったことにあると思います。

長年、沖縄県の出生率がダントツに高いのは、沖縄が先祖崇拝や見えない存在を大切にする風土が今なお脈々と息づく〝魂の島〟であって、死んで守護霊となったご先祖に、子子孫孫の幸せと繁栄を祈願する伝統的な信仰や精神性が深く根付いていることと関係していると思います。言い換えますと、ご先祖や子孫や社会への愛が強いのです。

沖縄ではたいていどのご家族も子だくさんで、家庭に笑顔と助け合いの心が溢れており、そこに人間らしい暖かな愛と幸福感が確かにあります。そのことは、沖縄の人々の生き生きした暖かい表情や、優しい目を見ればすぐにわかります。

東京や関東の都会的な地域では、何年住んでいても隣の家の方と口をきく機会が全くありませんでしたが、沖縄では皆さんフレンドリーなので、あっという間に見知らぬ方とも会話が弾み、友人・知人がどんどん広がっていきます。

宇宙の創造主の愛が形をとったものが魂です。次のエピソードでお話ししますが、高い光の霊界から来る赤ちゃんたちの大きな魂は、愛のある地域や家庭にどんどん生まれて来たいはずです。少子化問題の本当の解決は、人々が魂を磨いて利他の愛を強く大きくし、人間性を回復することにあると思います。

34　赤ちゃんの魂は霊界からやって来る

★大きな魂の赤ちゃんは家の上に来る

「ねえママ、赤ちゃんはどこから来るの?」という子供の質問に対して、

「赤ちゃんはね、コウノトリさんがお空を飛んで運んで来るんですよ」

というお話が、今も全国のご家庭でお母さんの口からまことしやかに語られているこ
とでしょう。しかし実は、この話も一概には笑えないものを含んでいます。

というのも、これは本当の話ですが、高い霊界から来た高貴な魂が家の屋根の上の空中に浮かんでいるのを私は視たことがあるのです。

その魂は高貴な金色の光を放ちながら、屋根の三～四メートル上の空中で、ピタリと同じ位置に浮いたまま母胎に宿るのを待っていました。赤ちゃんの魂は、実はこうして家の上にやって来て、全てが整った時にスッとお母さんの頭頂から入り、母胎の受精卵と結びつくのです。

だいぶ前のことですが、私は前世を覚えているという小さな子供の証言を何かの本で読み、その中で子供が「ボクはお母さんのおなかに入る前、屋根の上のお空からお父さんとお母さんを見ていたんだよ」ということを話していましたが、その話はとても印象深く、腑に落ちるものがありました。やはり本当だったのです。

また、あるマンションの高層階の窓の外に、美しい緑の光を放つ赤ちゃんの魂が浮かびながら待機しているのを視たこともあります。

大きな愛を持った高貴な赤ちゃんの魂は、神様が夫婦への恩寵として与えるものであり、高い霊界からやって来るのです。

肉体は命の本体ではなく、乗り物にすぎません。そこに宿る魂が命そのものであって、それは肉体に宿る前も存在していましたし、死んで肉体を捨てた後も消えて無くなるわけではないのです。

肉体が命の本体だと勘違いすると、死ねば全てが終わりだと考えて刹那的に生きることになりますし、肉体が最も大事だと考えることになり、魂（＝愛）という一番大事なものを無視した生き方になるでしょう。

そういう人がもし亡くなった場合、魂を意識的にみがいてこなかったため、肉体や地上世界への執着が強く、魂の光が小さいため、低くて暗い霊界に行くことになりますが、それは神様からすればとても残念なことでしょう。

しかし、赤ちゃんの魂は、夫婦の過去生からの強い自我意識（執着や怒りや畏れ）

が、負のカルマの力で呼び寄せるケースもあります。そうした場合は、赤ちゃんの魂が下からやって来て、母の体を登って頭頂から入り、母胎の受精卵に結びつくのです。

死後に高くて明るい霊界へ行く人と、低くて暗い霊界へ行く人がいるわけですから、赤ちゃんの魂もいろいろな霊界からやって来るとしても不思議はありません。

下の方から来た赤ちゃんの魂も、成長する中で自分の自我意識に気がついて、それを手放し、魂を浄化する努力を一生懸命続けていくなら、きっと死後は高い霊界に行けるでしょう。

35 夫婦げんかは子供の魂を傷つける

★夫婦間の黒い壁

もし夫婦が愛しあい、助け合い、子供も両親を愛し尊敬すれば、その家族は繁栄します。もし全ての家族が繁栄すれば、その町や国が繁栄します。全ての国が繁栄すれば、地球は楽園になります。世界の平和は夫婦から始まるのです。

夫婦が調和しているかどうかは子供によく表れます。これまでたくさんのご家庭を拝見してきてそれがわかりました。夫婦をご一緒に霊視すると、二人の間に黒い壁が大なり小なり視える場合がほとんどです。その壁に意識を集中させると、妻が黒い目で夫を見ているシーンが視えたりします。黒い目は批判的に見ているという象徴です。あるいは、夫が妻に黒い口で何かを言っているシーンが視えたりします。夫が妻に口で厳しく批判しているという象徴です。

その壁が黒くて厚いほど夫婦の関係は悪いのです。中にはあまりにも黒い壁が厚すぎて、壁と言うより巨大な黒い立方体の中に二人が埋没しているように視える場合すらあります。こんな夫婦生活なら一体どんなに辛いことでしょう。

いかに仲の良い夫婦も別々の人間同士ですので、一応の壁はあります。しかし、仲の良い夫婦の壁は白くて薄いのです。壁が全く存在しないかのような仲の良い夫婦もいます。夫婦の壁を消すには、この後の「和解の3ステップ瞑想」を参考に、過去のいさかいをヒーリングしましょう。

★夫婦間の黒い壁は子供のエゴを強める

夫婦間の分厚い黒い壁は、決して夫婦間だけの問題ではすみません。子供は両親どうしの関係性そのものです。夫婦の黒い壁のエネルギー（＝邪気）は、その夫婦の子供の自我意識に流れ込んで、恐れや執着や怒りを強めて、魂の光を消してしまいます。その中でも特に怒りが強くなります。その結果、その子は心の安定性を欠いて、友達とけんかしたり、やる気が出なくなったりします。両親と子供は各チャクラから出ている見えないオーラのコードでつながっており、エネルギーをシェアしているからです。

そうそう、これは大事なことですが、両親のけんかだけではなく、妻か夫どちらかの浮気も全く同じ問題を引き起こします。浮気があれば必ず夫婦の壁が厚く黒くなっていますから、子供にいろいろな問題が現れやすいのです。

しかも困ったことに、子供への影響は一過性のものではなく、両親の不仲が原因で出来た子供の魂の傷は、ヒーリングでトラウマを浄化しない限り、子供の人生にずっと影響を与え続けます。そういうオーラの傷は、神我やオーラの第七層の金色の卵のような光の殻に黒い穴が開いたように残っているケースが多く、その子が成人して結婚しても、その配偶者や子供との間に影響を与えやすいのです。

私自身も小学生の頃、両親の激しいケンカにいつも心を傷つけられていました。子供にとって、両親どうしのケンカは本当に辛いものであり、自分がバラバラに引き裂かれるような思いでした。小学生の頃の私はいつも怒りっぽく、気分にむらがあって、とてもコツコツと勉強など落ち着いてできませんでしたから、後々まで苦労しました。ヒーラーになってからやっとその傷を自己浄化することができました。

もしあなたが子供を持つ親で、「私の子はどうしてこんな子になってしまったのか？」と思うなら、一度ご自身の夫婦関係を振り返ってみましょう。

やってみよう！⑦

両親の不仲で傷ついた自分の魂を癒すワーク

もしあなたの両親が仲の悪い夫婦なら、あなたはどうすれば両親の間の黒い壁から来る邪気（特に怒りや恐れ）を浄化できるでしょう？　もし両親が既に他界されていても、昔あなたが両親のけんかによって受けた魂とオーラの傷は、そのまま残っています。

❶自分一人の静かな部屋で、背筋を伸ばして椅子に座り、目を閉じます。手や足や胴や背中を意識して、頭に上がった気のエネルギーを体へ下ろしましょう。

❷宇宙の創造主（神仏）の光を思い、それと繋がっている胸の神我が暖かい光に満ち、胸や体が微妙に暖かくなるのを感じましょう。

❸両親がよくけんかをしていた時期に戻ったとイメージします。当時それを見て乱れたあなたの怒りや落ち込みといった分厚い感情の下に埋もれていた神我になると意図し、海底に沈潜していくように静かな自分に到達しましょう。そして静かな神我で両親のけんかを思い出していきましょう。当時はとても嫌だった場面も冷静に見てみましょう。また、当時の落ち込んだ自分も客観的に見ましょう。当時どんなに傷ついたか。でも、そこまで深く傷つくようなことだった

か……。多くを思い出すほど心の闇に光が当たり、自我意識が浄化され、オーラの傷が塞がります。

❹思い出したその辛い状況を神我で冷静に見つめ、受けとめるとイメージしましょう。または神様に引き受けてくださるよう祈りましょう。両者は同じことです。

このワークは、昔の怒りや悲しみを追体験して、感情を爆発させてスッキリすることとは全く違います。喜怒哀楽の感情より深い神我の自分から、客観的にエゴの感情を見つめることで神我の光（＝中庸）を感情（＝陰と陽）に照射し、愛と理性に変容させるものです。胸の神我から光が出て、陰我と陽我（※図2、40頁で青年の左右にある球体。頭上と足の下にもあります）へ光が照射され、神我を覆う自我意識の層が薄く、神我の光が大きくなります。

昔のことを思い出して涙がどんどん溢れてきたり、悔しさがこみ上げてくるばかりなら、まだ自我意識の視点になっています。もう一度しっかり頭からハートへ意識を降ろして、深い神我になると意図しましょう。神我は思ったより深い所に埋もれています。

効果的に行われると、あなたの神我から光が両親の間の壁へ逆流して壁を浄化し、両親の関係を良いものに変える場合もあります。私のヒーリングでは、実際に子供の自己瞑想で両親の魂の傷がふさがり、両親の仲が良くなる現象が起きています。

昔、親から受けた傷を浄化しないと、後に自分が親になった時に加害者側に回り、子供に同じ傷を負わせてしまいやすいのです。

36 和解の3ステップ瞑想

夫婦げんかに限らず、親子・兄弟・職場の上司など人生は時に人と感情的に対立する場面があります。誰かと対立すると、それ自体が近未来の時空に同じシナリオを作ってしまいます。どんなに古くて〝時効〟と思っている対立も、きちんと反省してヒーリング（浄化）をしない限り、オーラにはしっかり残っているものです。そして、似た状況がやって来ると、また怒りを覚えて衝突します。

いいえ、実は残っていた怒りのエネルギーが似た状況をわざわざ引き寄せ、再度体験してしまうのです。意識下に押し込められた感情どおりのことを私たちは体験しています。ひどい対立は将来生まれ変わっても繰り返すでしょう。

次にお話しする瞑想で、過去の怒りをヒーリングしましょう。

やってみよう！⑧

和解の3《スリー》ステップ瞑想

❶自分一人の静かな部屋で背筋を伸ばして椅子に座り、目を閉じます。手や足や胴や背中を意識して、頭に上がった気のエネルギーを体へ下ろしましょう。

❷宇宙の創造主（神仏）の光を思い、それと繋がっている胸の神我がエネルギーに満ち、胸や体が微妙に暖かくなるのを体で感じましょう。

❸たとえば先月パートナーと激しい口論になったとしましょう。その時空にタイム・スリップして戻ったとイメージしましょう。その時の乱れた感情の下に埋もれていた神我になると意図し、海底に沈潜していくように、ここに時間を充分かけて、感情の波が押し寄せて来ない静かな意識に到達しましょう。

ここまでが準備段階です。

❹第一のステップ　神我の自分が先月怒った時のエゴの自分を見つめるような感じで、その時の怒りを冷静に客観的に思い出していきます。「ああ、あの時こんなに怒ってしまった……」と。

オーラに残っている怒りの邪気が、神我の光に照らされて消えていき、先月の時空で低い霊界に落ちたままになっていた魂とオーラが、高い霊界に上昇します。まだ怒りが湧いてくるばかりなら、心の立ち位置がまだ自我意識（感情・エゴ）になっています。もう一度胸の神我に意識を置いて、「感情やエゴより深い神我（愛）の自分になる」と意図して、もっと深い静かな意識に沈潜していき、荒れる波の下の静かな底まで降りましょう。

❺第二のステップ　今度は立場を変えて、パートナーがあなたをどうして怒ったのか、相手の気持ちを神我で冷静に想像してみましょう。たとえ理解できなくても、理解しようと一生懸命想像すると、パートナーの怒り（＝陰と陽）にあなたの神我の光（＝中庸）が照射され、相手の怒りが浄化されていきます。

❻第三のステップ　「私はパートナーとの関係を無限の神我に委ねる」と決意しましょう。そしてパートナーと美しい光で魂どうしがつながっているのをハートで、感じましょう。このステップはパートナーとの良い未来のシナリオ（中庸のシナリオ）を創造するイメージ・トレーニングともいえます。

あるお母様は、小学生の息子さんと激しいけんかをしてしまい、スカイプのヒーリング・セッションの時、親子とも魂に黒い穴が大きく開いていました。そこでお母様に「和解の3ステップ瞑想」を誘導しながら行っていただいたところ、三〇分後には親子双方の壊れた魂とオーラが見事に修復され、我が子への愛と将来への希望を取りもどせた安心感で、笑顔に変わっていました。

37 神我どうしは対立しない

この世界は、家族ゲンカから国同士の戦争にいたるまで、どこを見ても対立や矛盾だらけです。しかし、胸の深い所にある神我同士は本当は常に対立していません。

たとえば、娘さんが外国に留学するというビジョンを神我レベルで抱いているとしますと、必ず父親も神我レベルでは学費を捻出するビジョンを抱いていて、母親も神我レベルでは寂しくなるけど我慢して応援してあげようというビジョンを抱いているのです。家族が全員で神我の意識に立てば、問題は常に起こりません。

なぜなら、根源世界の真ん中で大仏様のように座っている宇宙の創造主は、完全に調和したお体をお持ちであり、胃袋と肝臓がけんかしたりしていませんし、口が手に噛みついたりもしていないのです。

どんな人もそんな神様のどこかの部分から生まれている魂ですから、深い部分では互いに対立していないのです。

しかし、もしお父さんがお金の心配という自我意識を強く持っていたり、お母さんが娘さんへの執着という自我意識を強く持っていたりすれば、家族内で対立してけんかになり、娘さんの神我の望みは頓挫してしまいます。

西暦二千年を過ぎても世界がこれだけ対立に満ちているのは、我々が自我意識の問題に気が付いて、それを乗り越えて神我になろうという努力が無いからではないでしょうか。自我意識は、問題の原因を常に外に求め、アイツが悪いからだ、隣の国が悪いからだ、あの宗教が間違っているからだと思わせます。

でも本当の問題は自分自身の中にあるものです。自分に怒りがあるから争いを引き寄せるのです。

私はときどき空想するのですが、もし有名な世界宗教の開祖様たちが天国で一堂に会したら、お互いにけんかをするでしょうか。むしろ愛し合い、尊敬し合い、地上の宗教同士の争いを深く憂慮なさるのではないでしょうか。

どんなに素晴らしい宗教を誰かが作りだしたとしても、それを信じる何億という人々が、自我意識を浄化して胸の奥の生きた神我に訊こうとしないなら、せっかくの素晴らしい教えも、人々の中でだんだん光が弱くなって形だけになったり、戦争の口実に利用されたりするのではないでしょうか。

国にしても、どんなに素晴らしい政治や経済のシステムを作りだしても、政府は分裂や対立を繰り返し、やがて国民は貧困に苦しむでしょう。しかしそれは政治・経済システムが問題なのでしょうか？　どんな政治・経済システムでも、みんなが自我意識を浄化すればもっとうまく機能するだろうと思えます。

まず私たちが家庭や職場において、神我の声を訊くことで難しい状況がどう変わるか、自ら体験していくしかないでしょう。

「世界が危機的なこの状況で、まず家庭からだなんて、そんな迂遠なことをやっている時間が人類に残されているだろうか?」と危ぶむ声もあろうかと思いますが、権力も名もない一個人が、どんなに世界と霊的につながっていて世界を変える力があるか。

逆に、今世界がこうなっているのもいかに私たちの内面に責任があるか、それに気づかなければなりません。

38 親との関係を癒せば自分と子供の関係も変わる

★親にさせた苦労を将来は自分が体験する

我が子があなたに怒って何か文句を言ってきた時、「子供は親に向かってそんな口をきくもんじゃありません!」と叱っておきながら、内心では「ああこの子は悲しいほど昔の私に似ている。私も子供の頃こんなふうに親に反抗していた」と思ったことはありませんか?

もしあなたが小さい頃いつも親に激しく反抗していたとすれば、あなたがそうして親に与えた悲しみを、将来は自ら体験する可能性が高いのです。

逆にもしあなたが子供の頃完全に親孝行であり、心から親を尊敬して尽くしていたとすれば、あなたは将来我が子から大切にされるでしょう。

どうしてそんなことが言えるのかといいますと、私の霊視では、ある人が親に与えたつらい思いは、自分の将来のシナリオにポンとコピーされて加わるのが視えるのです。つまり、人に与えた苦労はいつか必ず自分が背負い込むというわけです。

それと同時に、ある人が親に対して感じた思いや、とった態度は、将来自分自身の子供になる予定の魂にコピーされて、いつかその魂が地上に生まれてきた時、その子供から自分に向けられるというオーラの世界の仕組みも視えるのです。まるで空に投げるとクルクル回転しながら返って来るブーメランのようです。

将来あなたの子供として生まれて来る魂は、必ずあなたと過去生からの古いご縁がありますから、まだその子が地上に生まれていなくても、霊界ではオーラのひもで繋がっていて、既にあなたと波動的な情報のやり取りがあります。ですから、あなたの幼少期の感情が、あなたの将来の子供の魂にコピーされることは起こりえるのです。

もしあなたに将来結婚や出産の予定が無い場合はどうでしょう？　その場合でも、あなたの身の周りの人々、たとえば職場の後輩や、あなたが飼うペットの動物との関係で、子供と同じことが起こりえます。

実際親との関係は将来の子供ばかりでなく、他のいろいろな人々との関係にも影響を与えています。「日々努力しているのに、なんだか世間は自分に冷たい」と感じる人は、親に対する過去の自分の思いや態度を点検してみる必要があります。

そもそも普通に世間を見渡してみればわかりますが、いつも人に対して良くしてあげる人は周囲の人から大事にされていますし、不親切な人は大抵周りから大事にされず、寂しい人生を歩んでいます。

やはり人は蒔いた種を自ら刈り取るのではないでしょうか。

★親との関係を癒せば自分と子供の関係も変わる

さて、今この話を聞いて子供を持つのが恐くなった人はいませんか？「子供が生まれてみたら昔の自分そっくりだなんて、ゾッとする」と……

「いや、自分は今まさにそれを体験している。こんなことなら子供の頃にその法則を教わっていれば違う生き方もできたのに。もう後の祭りだ」と、ブルーになっている方もいらっしゃるかもしれません。

しかしご安心ください。そんな心配を吹き飛ばす良い話です。

昔の自分をよく思い出して、親への当時の思いや態度を真剣に神我で反省することによって、過去の時空の霊界の状態が変わり、現在も変わります。

今からでも霊的に過去を修正することができるのです。その結果、あなたの子供にもきっと良い変化が現れるでしょう。

実は、あなたと親との関係が、あなたと子供との関係にコピーされるだけではありません。もしあなたが子供の頃勉強嫌いだったとすると、高い確率でその意識があなたのお子さんや、お孫さんにまでコピーされているでしょう。

そういう場合は「この子の勉強ができないのは、私の遺伝だから仕方ない」とあきらめるのが普通ですが、もしあなたが今からでも昔の苦手意識を神我の意識で見つめて真剣に反省するなら、あなたの子供やお孫さんにも良い変化が現れるでしょう。

やってみよう！⑨　親との関係を癒すワーク

❶自分一人の静かな部屋で、背筋を伸ばして椅子に座り、目を閉じましょう。手や足や胴や背中を意識して、気のエネルギーを頭から体へ下ろしましょう。

❷宇宙の創造主（神仏）の光を思い、それとつながっている胸の神我がエネルギーに満ち、胸や体が微妙に暖かくなるのを感じましょう。

❸感情の下に埋もれている神我になると意図し、海底に沈潜していくように静かな自分に到達しましょう。

❹最も深い神我の視点から、過去に自分が親に対して思ってきたことや、とってきた態度を見つめていきましょう。どんなにお父さんを恐れていたか、どんなに怒

りを感じたか。自分がとった反抗的な行動や言葉。それらを冷静に思い出していきましょう。親との関係は古く長いため、幼稚園の頃、小学校の頃、と区切って思い出すとよいでしょう。

❺今度は立場を変えて、当時の親の気持ちを神我で想像していきましょう。すぐ理解できなくても、理解しようと一生懸命に時間をかけて想像することが大事です。子供のあなたを当時どう思ったか、親の感情エネルギー（陰と陽）のブロックにあなたの神我の光（中庸）が照射され、浄化されていきます。親が他界されている場合は、それによって親の〝浮かばれない思い〟に光が射し、高い霊界に上がっていただけます。

親やご先祖の浮かばれない思いが強く残っていると、それが子孫にオーラのつながりを通じて転写され、家系の人々に不運や病気をもたらします。

子孫が神我で親や先祖の苦労を真剣に神我の意識で偲ぶことは、最高のご供養になります。こうしてご先祖が高い所へ行くことができれば、子孫であるあなたやご家族の体調が良くなったり、状況が好転したりするでしょう。

❻再び子供の頃の自分になったつもりで、胸の神我に意識を置き、「私はお父さん（お母さん）への恐れ、怒り、執着を手放し、いつも神我で親と向き合います」、と決意しましょう。そして、あなたと親のハート同士が美しい光でつながっているのをイメージし、感じましょう。

こうして浄化された古い親子関係は、あなたのお子さんや周囲の人々との関係にも上書きコピーされ、良い関係に変わるでしょう。時間をかけて何度も行いましょう。

39 正しい〝自分観〟こそ良い人生の土台

★アタマの中のボヤキ声は自我意識

誰しも心の中には自分が自分をどう思っているか？　という自己評価の声がいつも

鳴り響いています。

「ああ、自分がもっと有能なら仕事ができて給料が上がるのに」

「どうして私はいつも短気を起こして人とぶつかってしまうんだろう」

「俺はいつも頑張っているのに、人からは評価してもらえない」

「私なんか、どうせいい結婚相手に出会えるはずがない」

「俺は誰よりもラッキーだ。これからはいよいよ俺の時代さ」

「僕はツキから見放されている。何をやっても日の目を見ることがない」


しかし、ここでよく考えてみましょう。**こうやって自分自身のことをとらえている意識の主体、つまり〝アタマの中のボヤキ声〟の主は、果たして本当にあなた自身でしょうか？**

これまであなたは、それだけは一度も疑ったことが無かったかもしれません。しかし実は、〝アタマの中のボヤキ声〟や高慢な声は、本当の自分である神我ではなく、自我意識というニセの自分なのです。

「自我意識の自分」という立ち位置から自分をとらえると、自分がとても悪い存在や劣った存在に思えたり、逆に他人より優れているかのように見えて優越感が湧いてきたりします。

自我意識は、神我という中庸から分かれた陰と陽のエネルギーであり、万物が創造主から切り離されているという錯覚の意識ですから、人より優れているとか劣っているとか、自分と他者を別々の存在と捉えます。

「自我意識の自分」は自分に自信が無かったり、嫌いだったりします。自己嫌悪に陥るのが恐くて高い学歴を身につけたり、大きな権力を手にして人々から尊敬を集めようとしてみたり、信じられない努力を払って〝心のスキマ〟を埋めようとします。

虚構の立派な自分を作り上げて、嫌な自分から目をそらそうとします。こうしてナルシシズムに浸り、しばしばそれが人生の目的にさえなってしまいます。でも、それがうまくいっても本当に心が満たされることはないでしょう。

ナルシスト的な人は深い所では自分が嫌いなので、その視点で周囲も色眼鏡を通して見てしまいやすく、世界が敵対的に見えるでしょう。

こうした自分との断絶、人との断絶は宇宙の創造主との断絶です。ぜひ神我の自分で自分を正しくとらえ、自分という神と和解しましょう。

そこから新たに素晴らしい本当の人生が始まります。

★「神我の自分」で自分をとらえましょう

神我の自分という正しい立ち位置から改めて自分をとらえると、世界の見え方がまるで違ってきます。神我は自分を宇宙の無限の愛と一体であると感じます。自分は崇高な愛の現れであり、神聖な存在だと感じます。これは自我意識のナルシシズムとは全く違うものであり、とても大切で甘美なフィーリングです。真人間としての健全な自信です。

もし自分に何か劣っている部分や間違っている部分があっても、それを嫌な自分と感じて落ち込んだり焦ったりはせず、ありのまま受け入れて、素直に直していこうと捉えることができます。

神我の自分から他者を見ると、全ての人の中に神我を感じ、自然に相手の神我と向き合えます。世界は自分を映す鏡になっています。

神我の自分は人の成功を自分のことのように嬉しく感じます。みんなが幸せになって欲しいと思います。皆が幸せでないと自分も本当には幸せではないと感じます。だから皆が幸せになれるよう自分の力を出し切って、できることをしたいと願い、行動します。自我意識の強い人は、それこそ偽善者だと思うかもしれません。しかし、そういう人も深い部分には必ず神我の自分がいます。ただそれをまだ表に引き出していないだけなのです。

やってみよう！⑩　神我で自分をとらえるワーク

神我で自分をとらえるためには、過去にエゴでとらえてきた歪んだ自分観を自覚することがとても有効です。これまでエゴの視点で自分を捉えてきたと思える点を、神我に立って点検してみましょう。

❶自分一人の静かな部屋で、背筋を伸ばして椅子に座り、目を閉じます。手や足や胴や背中を意識して、頭に上った気のエネルギーを体へ下ろしましょう。

❷宇宙の創造主（神仏）の光を思い、それとつながっている胸の神我がエネルギーに満ち、胸や体が微妙に暖かくなるのを感じましょう。

❸感情の下に埋もれていた神我になると意図し、静かな深い海底に沈潜していくように静かな自分に到達しましょう。

❹神我の意識で、幼少期の最も古いボヤキ声から順に振り返っていきましょう。そうすると、エゴの自分に神我の光が照射されて、エゴの自分が消えていきます。
たとえば、自分を次のようなボヤキがなかったでしょうか。

「ぼくはお兄ちゃん（お姉ちゃん）より頭が悪い」、「お父さんはお姉ちゃんばかり可愛がって悔しい」、「私は他の子たちより頭がいい」、「僕はいつも人から評価されない」、「クラスのみんなは悪い子ばかりだ」、「お金持ちの家の子がうらやましい」、「ライバルには絶対負けたくない」もしそんな風に感じたなら、自我意識がそのように自分を批判したり賞賛したりしていたのです。しかし、そういう意地悪な自我意識の自分が存在していることに気づいたもう一人の自分が、今ここにいます。それが神我の自分、真人間の自分、ハートの自分、光の自分、無限の自分、愛の自分、神様の一部としての自分です。

❺**今度は神我の自分の目で、自分自身を見つめてみましょう。**それは生まれて初めての、本当の自分との出会いです。さて、本当の自分をどう感じますか？　あなたは他人より劣った人でしょうか？　他人より優れた人でしょうか？　不遇な人でしょうか。何かが欠けているでしょうか。

神我の自分を発見し、その自分から世界を見てみると明るく見えます。今までどうしても世界が暗く見えたのは、そもそも自分自身を捉える主体が、エゴの視点になっていたからです。ネガティブな自分観を持ったままだと、エゴの視点から見ているので、周りも色眼鏡をかけているように暗く見えてしまうのです。

しかし、神我で自分と世界が見えてくると毎日が楽しく、生き生きとしたやり甲斐のあるものになります。何か達成したわけでもないのに幸福感と感謝が湧いてきます。すごくつらく思えたことが、大げさな取り越し苦労だったと気がつきます。

権威・名誉・地位・財産・人の評価といったものに興味やこだわりがなくなり、様々な束縛から解放され、自由になるでしょう。そして誰かの幸福のために出来ることを一生懸命にやりたくなるでしょう。

毎朝起きたらまず一番に、心の立ち位置を確認しましょう。

「私はハートの奥の無限の愛である！」と。そして二十四時間その神我を忘れないで過ごしましょう。

もしこれを全ての人が行えば地上は天国に変わるでしょう。まずはあなた自身が神我で生きてどう変わったか体験してください。そして大切な人や身近な人にも伝えてください。

人は地上にオギャアと生まれただけでは、ただ肉体的に生まれたに過ぎません。無限の愛である神我に目覚めた時に、初めて価値のある世界に真に生まれたと言えるのではないでしょうか。

私たちは地上での貴重な人生を価値あるものにして生き、明るい未来を創造していきましょう！

どうか全ての方の魂が明るく輝きますように。

エピローグ・未来について思うこと

物質世界の行き止まりとその前の混乱期

２００７年の夏のことでした。当時港区にあった私のヒーリング・ルームで、私は瞑想中に神様から驚くべきビジョンを視せられたのです。

根源世界の真ん中で静座している巨大な宇宙の創造主の右側頭部（私から見て左手側）から、この物質の宇宙が長く伸びていました。やがて宇宙が苦しそうにグラグラと激しく揺れ動き、しばらく続きました。それは天変地異や戦争の続く人類のカルマの清算期を意味していました。

そして一瞬でこの宇宙が暗くなり、入れ替わりに創造主の左側頭部（私から見て右手側）から別の宇宙が現れたのです。物質の世界が行き止まり、高次元宇宙へアセンション（宇宙の次元上昇）を遂げ、スイッチするというのです。

アセンション後の地球は半霊半物質の世界であり、戦争も病気もひどいものは無く、大自然の息づく美しい巨大な地球だそうです。アセンションが正確にいつかは知らされませんでしたが、およそのところでは、２０１３年以降の混乱期が数年間続いた後という感じでした。それまでに魂の光が一定の大きさに成長していない人は、高次元宇宙へ移行できず、人間としての経験と転生はそこで行き止まりというメッセージをいただいたのです。

衝撃を受けた私は、２０１２年から立て続けに本を上梓し、魂みがきの大切さを訴えて参りました。『アセンション大預言─危機を乗り越える魂のヒーリング・ワーク』（２０１２年・たま出版）と『アセンション大預言Ⅱ　光の家族』（２０１３年・同）がそれです。

それらの本に、このままではこうなる可能性があるという霊界シナリオをリーディングして書きました。

①光の龍神がヨーロッパの国々を浄化していき、日本を含めた世界の国々も影響を受ける（資本主義の行き詰まりか）、

②光の龍神が朝鮮半島を浄化し（朝鮮半島の有事）、日本へ難民が流入、

③桜島の噴火につづく日本の大地震と太平洋側の津波、それに伴う原発の事故や富士山大噴火、
④日本の北と南から外国が侵入、
⑤巨大な隕石が地球に衝突して地軸が傾く、
⑥多くのUFOが飛来する、
⑦遠くの星が大爆発してアセンションが起こり、魂の大きな人々が高次元宇宙へ移行する、

という一連のシナリオでした。

この連続動画のサイキックなビジョンは、2012年5月に我が家に飛んで来たカメムシさんのオーラに映っていた警告でした。

その頃、2012年12月23日に世界が終わるという噂が世界で流布しており、日本でもその手の本が多く出ていました。しかし、私の霊視では全く起こる可能性はなさそうでしたので本にもそう書きましたが、やはり何も起こりませんでした。

こうして過熱したアセンション・ブームは終わりました。しかし私は2013年以

降が本当の混乱期とアセンションの時期だと思っていました。

果たして2013年に入ると、魂の光の大きな人々のオーラにアセンション後の姿である「アセンション・ボディー」が視え始めました。アセンションがもう間近まで近づいた証拠でした。

実際2013年以降、日本は平和憲法を変更する動きが進み、領土問題で近隣諸国との関係が緊迫化し、カメムシさんの警告の②と④は現実味を帯びてきました。③と⑤もヒヤリとする事象がありました。

世界各国も急に右傾化が進み、いたる所で民族・宗教の紛争が激化し、エボラ出血熱の世界的な拡大、深刻な大気汚染、異常気象など世界中で緊張が増してきました。

ああ、カメムシさんの警告どおり物質世界はもうすぐ行き止まりなのでしょうか？

行き止まりは消え、光の時代へ

しかし、私の本をお読みになった多くの方が魂を磨いてくださったことも大いに貢献してくれたことと信じますが、**2014年6月28日（第一次世界大戦開始から百年**

目）に、すごいことが起こりました。

アセンション後の宇宙の未来シナリオがこの物質世界に移行して来て、この物質世界でアセンション（次元上昇）が起きたのです！

アセンションを果たした高次元世界から調和的な未来のシナリオが地上にやって来て密かにセットされ、**人類が混乱期を乗り越えた後、この地上で調和的なシナリオがかなり先まで続く**、という未来が霊視で視えるようになったのです。それはちょうど、折れた木に元気な枝が〝接ぎ木〟されたようなものです。

それに伴い、先のカメムシさんの一連のシナリオにも変更があり、③⑤⑥⑦の運気は当面感じられなくなりました。

魂とオーラがバージョン・アップした人、これからの人

また、2013年ごろ人々のオーラに映っていた「アセンション・ボディー」は、2014年6月28日にいったん消えて、そのエネルギーは、魂の光が一定の大きさを

持っている人に高次元ソウル（Higher Dimensional Soul）として練り込まれ、強くて明るい進化した魂にバージョン・アップされたのです。

そうした人々はオーラの健康度が高く、この混乱期の最中《さなか》でも人生の浮き沈みが少ないでしょう。

「ノアの箱舟」はハートの中に

今後の世界は、カメムシさんが視せた一連のシナリオの消え残りや、新たなる大きな自然災害の運気もあり、行き止まりではなくなりましたが、厳しい時代がまだしばらく続くかもしれません。今人類が超えつつある混乱期においては、社会だけでなく個人も予想外のことが起こりやすいでしょう。

しかし、「高次元ソウル」という進化した魂が備われば、無事乗り越えることができるでしょう。大洪水の中で「ノアの箱舟」に乗り込んでいるようなものです。

まだ備わっていない人も今から魂を磨けば備わりますし、「高次元ソウル」が備わっていても、強いトラウマや怒りが残っていると、その部分については厳しいシナリオを体験しやすいですから、本書のワークを参考に日々自己ヒーリングを行ってください。そして、魂の光を大きくする本書をあなたのハートが促す人々にも伝えてください。

この混乱期を越えたところに待っている新しい時代。それは物質の豊かさよりハートの愛がものを言う「光の時代」です。その時、人類の本当の力が発揮され、愛と平和と調和の世界となり、正しき人々に笑顔が戻るでしょう。

平和な未来のシナリオは、一握りの政治家が作るのではなく、私たち皆の魂の光が共同して霊界に紡ぎ出すのです。たとえ今がどんな時代状況でも、私たちは胸に輝く永遠の愛の光をその時まで絶対に忘れることなく、いつも希望と平安の中を歩んで行きましょう！

２０２１年・ロング新書版へのあとがき

本書の初版が２０１５年に出て六年が経過しようとしています。その間に、第四章26の図６に描いた大きな陰のシナリオ（大峠）は、まずは新型コロナのパンデミックとして、さらに未承認のコロナワクチンの人体実験による大量摂取という悲劇として現実化してしてしまいました！　これでも神様は戦争をキャンセルするなど大難を小難にしてくれましたが。

しかし一方で、大峠を越えた後、平和な地上の未来がずっと続くという初版本の示したシナリオは、その後大きく変わってしまったのです。

未来のある時点で地上がアセンション（宇宙の次元上昇）を迎え、神我の大きい魂の磨けた人たちだけが、美しく平和で利他的な高次元宇宙の地球へ移行を遂げ、自我意識の厚い人々は地上に残されるという、元々『アセンション大預言　危機を乗り越える魂のヒーリングワーク』（2012年たま出版）や『アセンション大預言Ⅱ　光の家族』（2013年　同）で述べた、以前のシナリオに青本の出版後、戻ってしまったのです。

その大分岐点（アセンション）は、ごく最近まで2027年か2028年に来そうに見えていました。最新刊の『新型コロナウイルス　私のサイキックな闘い方』（2020年　ロングセラーズ）も、その前提で書きました。しかし、2021年にコロナワクチンの接種が始まってから、大分岐点（アセンション）は一気に近づいて、一時は2021年の末頃に設定されました。

ところがそれも束の間で、この新書版の執筆中である2021年6月現在は、大分岐点（アセンション）の予定がまた一時的に消えており、再び地上世界がずっと続くように見えています。つまり、初版本が出た2015年当時と同様（第四章の図6と同じ）のシナリオに今は仮になっています。

しかし、現在アセンションが一時的に消えているのには理由があるようです。20

20年の大統領選で、本当はトランプ氏が圧勝したのに、民主党が大規模な不正を行い世界を騙したため、神様はトランプ氏の大統領職への復帰を助けるためアセンション後の宇宙を消し、その光をこの地上に投入し、速やかに復帰できるよう今もサポートしているのです。

ですから、その件がどんな形でか決着がついたら、大分岐点（アセンション）がまた近い未来に設定されると、宇宙の創造主はチャネリングでおっしゃっており、それは2022年の終盤あたりに再設定される可能性が今のところ高いようなのです。

もしそうだとしたら、すごく近いわけです！　それは新型コロナウイルスや危険なワクチンで人類が危機に瀕しており、地球が急に住めない星になってきたからです。

しかし、本書を多くの方が読まれて実践なさると、魂の大きい方が増えて、未来のシナリオがより中庸になり、アセンションが先に延びる可能性はなおあると、宇宙の創造主はおっしゃっています。

地球や宇宙の運命は、やはり私たちの意識と行動に沿って刻々と変化しているのです。多くの方が創造主を信じ、日々祈り、魂を磨いていけば、皆で平和な地上の未来を末永く迎えられますが（シナリオA）、現状その可能性はまだ低いようです。

魂の磨けた人だけがアセンションで高次元の宇宙へ移行する可能性（シナリオB）が今は高く、しかし誰もアセンションできずに、皆で荒廃していく地球に取り残される可能性（シナリオC）も少なからずあります。

こうした状況を考えますと、２０１５年に青本がご提案した「魂みがき」のシンプルなワークやライフスタイルは、単なる開運法則を越え、地上の未来とアセンション後を生き延びる上で、決定的に重要なものになったと言えるでしょう。

光の祈りへのお誘い

あなたご自身と社会が大難を小難に変え、良いシナリオを歩むことができますよう、ぜひお好きな場所から朝八時、午後三時、夜八時に「光の祈り」を七回唱えてください。多くの方が同時刻に唱えると大きな効果があります。もし時間と体力に余裕のある時は一〇八回唱えましょう。（※心臓や脳の病気がある方、重病の方、向精神薬を服用されている方、ご高齢の方は多数回唱えないでください）

２０２１年６月

神岡　建

参考文献

※参考文献の著者の皆様に深くお礼申し上げます。

『光の手（上下）』（バーバラ・ブレナン著　河出書房新社）
『癒しの光（上下）』（バーバラ・ブレナン著　河出書房新社）
『かまど神とはだかかべ』（新長明美著　日本経済評論社）
『中医学ってなんだろう　①人間のしくみ』（小金井信宏著　東洋学術出版社）
『免疫力が上がる！　腸健康法』（新谷弘実監修　三笠書房）
『食物と健康と霊性』（小窪正樹著　サティア・サイ出版協会）
『沖縄の癒しと祈り　暮らしの中の御願（うぐわん）』（高橋恵子著　ボーダーインク）
『よくわかる御願《ウグワン》ハンドブック』（ボーダーインク）
『図解　日本神話』（山北篤著　新紀元社）
『日本　神さま事典』（三橋健・白山芳太郎編・著　大法輪閣）
『第6版　分冊解剖学アトラスⅢ神経系と感覚器』（平田幸男訳　文光堂）
『日本人の魂の原郷　沖縄久高島』（比嘉康雄著　集英社新書）
『地球に生まれたあなたが今すぐしなくてはならないこと』（木村秋則著　ＫＫロングセラーズ）

〈改訂新装版〉
豊かさと健康と幸せを実現する
魂のすごい力の引き出し方

著 者　神 岡　　建
発行者　真 船 美 保 子
発行所　KKロングセラーズ
〒169-0075　東京都新宿区高田馬場2-1-2
電　話　03-3204-5161(代)

印刷・製本　大日本印刷(株)

ISBN978-4-8454-5142-5
Printed in Japan 2021